Robyn Claydon
Gott öffnet die Tür

Vera aus Russland konnte die Gute Nachricht nicht für sich behalten. Jahrelang kam sie auf ihrem Weg zur Arbeit an einem Waisenhaus vorbei. Immer betete sie für die Kinder und bat Gott, ihr doch eine Möglichkeit zu eröffnen, den Kindern von seiner Liebe zu erzählen.

Nach einer Weile fand sie heraus, dass die Kinder einmal in der Woche im Park spazieren gingen. Vera beschloss, dass sie an demselben Wochentag unbedingt einen Spaziergang im Park brauchte. Beim Gehen schloss sie irgendwann zu den Kindern auf und redete mit ihnen.

Sie fragte sie, ob sie genug zu essen bekämen, ob sie glücklich wären, was jeweils verneint wurde. Sie verabredete mit den Kindern, dass sie auf dem Rückweg von der Arbeit am Hintereingang des Waisenhauses eine Kiste mit Obst, Brot und Käse hinterlassen würde. Monatelang blieb ihr Tun unentdeckt.

Eines Morgens, als Vera auf dem Weg zur Arbeit am Waisenhaus vorbeiging, wartete dort ein Mann vom russischen Geheimdienst KGB. Er sagte: »Wir beobachten Sie schon seit einer ganzen Weile, und wir wissen, was Sie tun. Wir haben festgestellt, dass die Kinder nur glücklich sind, wenn Sie in der Nähe sind. Könnten Sie die Kinder bitte einmal in der Woche besuchen?«

Vera besucht die Kinder nun schon seit vielen Monaten und erzählt ihnen immer wieder von der Liebe Gottes. Sie bemerkte, wie die Kinder sich veränderten, anfingen zu lächeln oder herzlich auf sie und die anderen Kinder zu reagieren, und sie fühlte sich ebenfalls persönlich bereichert durch ihren Kontakt zu diesen Kindern. (aus dem Inhalt)

Robyn Claydon

Gott öffnet die Tür

Wir haben Wunder erlebt

R. BROCKHAUS

Die australische Originalausgabe erschien 1988
unter dem Titel »Doors are for walking through«
bei SCPK-Australia, Adelaide/Australien

Deutsch von Antje Balters

Die Bibelzitate sind,
soweit nicht anders angegeben,
der »Hoffnung für alle – Die Bibel«
entnommen.

RB*taschenbuch Bd. 595*

Umschlaggestaltung: Ursula Stephan, Wetzlar
Umschlagfoto: stone, München
Gesamtherstellung: Breklumer Druckerei Manfred Siegel KG
ISBN 3-414-20595-6
Bestell-Nr. 220 595

INHALT

VORWORT

Dieses Buch ist ein Geschichtenbuch. Es erzählt die Geschichten von ganz normalen Frauen (und Männern), die den Mut hatten, von ihrem Glauben weiterzusagen und damit Geschichte zu machen: Ein Mensch ist Gottes Liebe begegnet, Entscheidendes hat sich für ihn verändert.

Zu den Geschichten, die dieses Buch nicht erzählt, gehört die von Robyn Claydon selbst: Der Weg einer ganz normalen und doch außergewöhnlichen Frau, die im Alter von 55 Jahren ihren Job als Konrektorin einer großen Mädchenschule in Sydney aufgibt – und sich auf den Weg macht, um Frauen weltweit zu dienen.

Ihre Leidenschaft gehörte schon immer der Evangelisation. Einige Jahre vor der Lausanner Konferenz für Weltevangelisation in Manila 1989 bekommt sie die Anfrage, ob sie den Frauenbereich der internationalen Konferenz leiten möchte. Robyn sagt zu – und von den 4400 Teilnehmern sind 900 Frauen; das sind noch nicht die gewünschten 25 %, aber doch ein Beginn. Robyn trifft diese Frauen aus völlig unterschiedlichen Kulturen, baut persönliche Beziehungen auf und ist beeindruckt von der Hingabe und Begabung, die in ihnen steckt. Sie erkennt ihre Leidenschaft, die Botschaft von Jesus weiterzusagen. Das besondere Potential von Frauen als Missionarinnen im Alltag erweist sich in der Diskussion von Manila als bisher eher vergessene Größe in der Evangelisation. Aber längst nicht alle Länder haben auch Frauen als Delegierte gesandt. So manche Abordnung besteht nur aus Männern. »Wo sind die Frauen?«, fragen sich Robyn Claydon und Leighton Ford, der Direktor des Lausanner Komitees. Natürlich muss es sie geben!

1991 nimmt Robyn Claydon die große Herausforderung an: Sie steigt aus ihrem geliebten Beruf aus und nimmt den Auftrag an, diese Frauen zu suchen. Sie soll weltweit Frauen miteinander in Kontakt bringen, deren Herz dafür schlägt, das Evangelium weiterzusagen. Also reist sie rund um die Welt, um im Auftrag der Lausanner Bewegung Kontakte zu knüpfen, zu ermutigen, zu unterstützen, zu schulen und zu vernetzen. Seitdem war sie in über 40 Ländern unterwegs zu Bibelarbeiten oder Predigten, auf Kongressen oder Leiterschaftsseminaren, hat junge und ältere Frauen zusammengebracht in Mentorengruppen und ermutigt Frauen und Männer, Gottes Gesandte zu sein. Es gelingt ihr, Frauen zu begeistern – und das völlig ohne Appell an Pflicht oder schlechtes Gewissen! Robyn vertraut darauf, dass Gott selbst hindurchscheint durch die Geschichten, die sie erzählt.

Und auch ich habe eine Geschichte mit Robyn Claydon. 1995 traf ich sie zum ersten Mal bei einem Seminar auf dem Dünenhof, wo wir sie als Referentin für eine Frauentagung eingeladen hatten. Es gibt für mich wenig ältere Frauen, deren Leben und Haltung ich mir als Vorbild wählen würde, aber Robyns Glaube, ihre Gabe der Ermutigung, ihre weise Art liebevoller Begleitung und ihr erwartungsvolles »You never know ...« haben mich tief beeindruckt. Seither bin ich bei einer ganzen Reihe von Gelegenheiten mit ihr zusammengewesen und kann sagen, dass sie für mich so etwas wie eine »Mutter in Christus« geworden ist. Ihre persönliche Ermutigung und ihre E-Mails aus Australien haben mich reich gemacht. Ich danke ihr für ihre Freundschaft – und freue mich darüber, dass ihre Erfahrungen und Geschichten jetzt auch in Deutschland entdeckt werden können.

Christel Eggers,
Redaktion Frauenmagazin JOYCE, Cuxhaven

Einleitung

In den zurückliegenden Jahren hatte ich das große Vorrecht, viel in der Welt herumzukommen, und ich durfte darüber staunen, was Gott im Leben von Frauen und Männern tut.

Unter kommunistischen Regimes hat man Menschen dreißig Jahre oder länger weisgemacht, es gäbe keinen Gott. Viele von ihnen hatten den sehnlichen Wunsch, dass das nicht wahr sein möge, und als es dann mit dem Kommunismus vorbei war, hatten sie endlich die Freiheit, ihre Fragen zu stellen. Die Geschichten vieler Menschen, die oft erst nach einer jahrelangen Suche zum Glauben gekommen sind, sind unglaublich bewegend. Die Berichte anderer Menschen, die trotz Verfolgung an ihrem Glauben festgehalten haben, sind ebenso aufwühlend, und alle diese Geschichten sind für jeden Christen genauso herausfordernd wie ermutigend.

Das vorliegende Buch erzählt einige dieser Geschichten.

Einige der Menschen, von denen hier berichtet wird, leben in Ländern, wo sie wegen ihres Bekenntnisses zum christlichen Glauben bedroht sind. Deswegen werden keine vollständigen Namen genannt, und auch die Länder, in denen die Geschichten spielen, sind nicht immer angegeben.

Es hat mein Leben unendlich bereichert, Menschen kennen zu lernen, die auch unter sehr schwierigen Umständen Gott die Treue halten und die jede sich bietende Gelegenheit nutzen, anderen Menschen von Jesus zu erzählen.

Mein Dienst geschieht im Rahmen der Lausanner Bewegung für Weltevangelisation, wo ich die Beauftragte für Frauen in der Weltmission bin. Meine Aufgaben sind vielfältig. Ich führe Evangelisationen durch, erteile Unterricht in Bibelkunde, rüste Mitarbeiterinnen zum Dienst zu, begleite, ermutige, motiviere sie und höre ihnen zu.

Ich bin all den vielen Menschen sehr dankbar, die meine Arbeit auf vielerlei Weise unterstützen, und ich bin dankbar für Freunde, die treu für die Menschen beten, deren Geschichten ich erzähle. Vielleicht entscheiden Sie sich ja auch beim Lesen, einen dieser Menschen zu »adoptieren«, um für ihn zu beten.

Mein besonders herzlicher Dank gilt meinem Mann David und meiner Tochter Kim, die sich all die Geschichten oft angehört, und mir immer wieder Mut gemacht haben, sie aufzuschreiben. Auch meiner Schwester Marlene schulde ich großen Dank, denn das Manuskript ist sehr viel besser geworden, nachdem sie es gelesen und redaktionelle Änderungen vorgeschlagen hat.

1. Gott öffnet die Tür

Die meisten Menschen, die viel reisen, bringen Souvenirs aus den Orten mit, wo sie gewesen sind. Manche sammeln Teelöffel, andere Trachtenpuppen, wieder andere Münzen oder Postkarten. Ich habe solche Dinge früher auch gesammelt, aber es gibt noch etwas anderes, das ich sammle, und dadurch bin ich wahrscheinlich ein ganz neuer Sammlertyp: Ich sammle Türen!

Nun fragen Sie sich vielleicht, wie ich die Objekte meiner Sammelleidenschaft wohl durch den Zoll bekomme? Ich gebe zu, dass Türen beim Zoll schon für Probleme sorgen könnten, aber ich mache den Beamten und mir die Aufgabe etwas leichter, indem ich Türen nur in meiner Erinnerung sammle. Eine Tür aus meiner Sammlung ist beispielsweise das Ostportal des Baptisteriums in Florenz. Das Baptisterium ist eine achteckige Kapelle neben der eigentlichen Kathedrale, die eigens für Taufgottesdienste erbaut wurde.

Sie hat drei berühmte Bronzeportale. Eines davon wurde von dem Künstler Pisano gestaltet, die anderen beiden im 15. Jahrhundert von Lorenzo Ghiberti. Auf dem Ostportal hat Ghiberti Geschichten aus dem Alten Testament dargestellt, und zwar von der Schöpfungsgeschichte bis hin zu der Begegnung zwischen König Salomo und der Königin von Saba. Michelangelo meinte, die Bronzeskulpturen, die in der milden Nachmittagssonne von Florenz wie Gold glänzen, seien würdig, das Tor zum Paradies zu schmücken.

Wenn Sie je vor diesem Portal stehen und über seine Schönheit staunen sollten, dann sehen Sie sich einmal die ausgeformten Köpfe in der Nähe des Türgriffs etwas genauer an. Dann wird Ihnen auch der glatte Kopf eines Mannes mit Halbglatze auffallen. Das ist Ghiberti selbst, der ein Selbstbildnis in eine biblische Szene eingebaut hat. Wenn man die Klinke herunterdrückt und das Portal öffnet, gelangt man in einen riesigen Raum, dessen Decke ein atemberaubendes Meisterwerk der Kunst ist. Der Raum selbst ist leer – seine Schönheit liegt in den Motiven an der Decke, auf dem Boden und an den Wänden sowie in der großartigen, vom Künstler Donatello geschnitzten Maria Magdalena-Figur. Wenn man einmal in diesem Raum ist, kommt einem unwillkürlich der Gedanke, was man versäumt hätte, wäre man vor dem Portal stehen geblieben und nicht in die Kapelle hineingegangen.

Eine weitere Tür aus meiner Sammlung sichert den Eingang zu den Ming-Gräbern in Peking. Das sind unterirdische Grabkammern der Kaiserdynastie der Ming. Die Gräber sind durch eine Reihe riesiger Tore gesichert, die von Bronzebolzen durchdrungen sind.

Besucher müssen vier solcher Tore passieren, bevor sie vor einem letzten stehen, das zur eigentlichen Kammer mit den Särgen führt. Das Tor ist so schwer, dass es hydraulisch betätigt werden muss: Es erfüllte seinen Zweck, nämlich vor Plünderern und Grabräubern zu schützen, so gut, dass bei seiner Entdeckung im Jahre 1956, über 400 Jahre nach seiner Versiegelung, die Archäologen die Tür nicht bewegen konnten und sich ihren Weg durch eine Mauer bahnen mussten, um in das Grabinnere zu gelangen. Die Grabkammer besteht ganz und gar aus Marmor – Fußboden, Wände und Decke –, was die fahle Kälte des Szenarios noch unterstreicht.

Eine weitere Tür aus meiner Sammlung unterscheidet sich von den anderen dadurch, dass sie klein ist, schmucklos und an sich unbedeutend. Sie wurde weder von einem Künstler geschaffen noch zieht sie in irgendeiner Weise die Aufmerksamkeit oder das Interesse von Touristen auf sich.

Warum sie dann in meiner Sammlung ist? Warum sie bei

mir einen solchen Eindruck hinterlassen hat? Nicht wegen ihrer Schönheit und auch nicht wegen ihrer Größe, sondern wegen des Ortes, zu dem sie führt. Es ist die Tür, die zum Grab des jungen Pharaos Tutenchamun im »Tal der Könige« in Ägypten führt. Ich hatte die packenden Geschichten von Lord Caemarvons Expedition gelesen und darüber, wie Howard Carter das Grab des jungen Pharao gefunden hatte, wie er über die Schätze gestaunt hatte, die sich ihm dort offenbarten. Jetzt stand ich hier, an genau derselben Stelle. Natürlich waren die Schätze nicht dort, die waren im Altertumsmuseum von Kairo sicher verwahrt, aber ich stand in der inneren Grabkammer und sah die berühmte Goldmaske, von der Kopf und Körper des jungen Königs bedeckt gewesen waren. Eine kleine, unauffällige Tür hatte mich dorthin geführt.

Eine andere Tür, die mich an einen ganz besonderen Ort führte, ist eigentlich eine Tür in der Tür. Sie befindet sich in Jerusalem und führt in die Altstadt, diese zeitlose Stadt, die sich kaum verändert hat, seit Jesus dort auf dem Kopfsteinpflaster entlangging und den Staub- und Gewürzgeruch einatmete. Diese Tür und viele andere ganz ähnliche werden oft auch als »Nadelöhr« bezeichnet. Es handelt sich dabei um eine kleine Holztür, die in ein viel größeres Tor eingelassen ist. Einige der Tore in der Stadtmauer von Jerusalem sind so konstruiert. Eine Stadtmauer ist dazu gedacht, die Stadt und ihre Bewohner vor Eindringlingen, Räubern und Plünderern zu schützen, und es ist vernünftig, die Stadttore nachts gut zu verschließen, damit niemand hineinkommt. Welchen Zweck hat aber dann die kleine Tür? Sie ist für den Stadtbewohner, der unterwegs war und nicht rechtzeitig vor Einbruch der Dunkelheit wieder die Stadt erreicht hat, so dass bei seiner Ankunft die Stadttore bereits geschlossen sind. Wie er hineinkommt? Er steigt von seinem Kamel, öffnet die kleine Tür, bückt sich ein wenig, um hindurchzukommen, und überredet, wenn er kann, sein Kamel, mit gebeugten Knien – oder gar doppelt gebeugten Knien – ebenfalls durch die Tür zu gehen.

Es ist schwierig, durch ein solches »Nadelöhr« hindurchzukommen, aber es ist möglich, wenn der Reisende bereit ist, sich ein wenig zu bücken. Und wenn er das tut, was ist dann auf der anderen Seite, hinter der Tür? Dort ist eine Welt, die so ganz anders ist als die Welt davor, voller neuer, spannender und aufregender Erfahrungen.

Vielleicht fragen Sie sich jetzt immer noch, weshalb ich ausgerechnet Türen sammle, warum sie sich so in meine Erinnerung einprägen, dass ich sie nicht vergesse. Weil sie mir jeweils einen ganz neuen Blick eröffnet und mich zu Erfahrungen geführt haben, die mein Leben bereichern.

Ist Ihnen schon einmal der wesentliche Unterschied zwischen einem Fenster und einer Tür bewusst geworden? Durch ein Fenster kann man eine Szene draußen betrachten. Dabei kann man aber genau an der Stelle bleiben, wo man auch zuvor gestanden hat. Durch eine Tür kann man dagegen hindurchgehen und zu einem Teil dessen werden, was man durch ein Fenster eben nur mit Abstand betrachten konnte.

Jesus sagt: »Ich allein bin die Tür« (Johannes 10,9). Er hätte auch sagen können: »Ich bin das Fenster«; das hätte bedeutet, dass man durch ihn nur einen Blick erhaschen kann auf die andere Seite, auf das, was Gott für die bereithält, die ihn lieben.

Weil aber Jesus die *Tür* ist, bietet er mehr als einen flüchtigen Blick auf Gott und die wundervollen Schätze, die er für uns hat. Er bietet sich selbst an als den Weg zu Gott, damit wir Menschen für immer und ewig ein Teil des Reiches Gottes sein können. Jesus sagt: »Ich bin der Weg, ich bin die Wahrheit, und ich bin das Leben! Ohne mich kann niemand zum Vater kommen« (Johannes 14,6). Jesus ist gekommen, um uns den Weg zu Gott zu zeigen. Durch seinen Tod am Kreuz, mit dem er die Strafe für unsere Sünde bezahlte, hat er für uns den Weg zu Gott frei gemacht. Jesus ist die Tür, durch die wir Zugang zu Gott bekommen.

Ist Ihnen schon einmal aufgefallen, dass manche Menschen vor besonders schönen Türen stehen bleiben, dann aber an ihnen vorbei weitergehen? Als ich mit meiner Familie in Florenz war, sind uns etliche Touristen aufgefallen, die genau wie wir vor dem Ostportal des Baptisteriums stehen blieben, staunend die Figuren an dem Portal betrachteten und dann weitergingen. Sie stiegen wieder in ihre Reisebusse und fuhren zur nächsten Sehenswürdigkeit. Da sie nicht durch das Tor hindurchgingen, versäumten sie den Schatz, der dort drinnen für sie bereitstand.

Türen sind da, um hindurchzugehen – nicht nur zum Anschauen!

Leider gibt es aber sehr viele Menschen, die Jesus nur anschauen, einen Schritt zurücktreten und ihn bewundern, die aber nicht näher herangehen. Sie betrachten ihn als großen Lehrer, moralisches Vorbild, als Arzt, als jemanden, der Wunder getan hat. Aber dann wenden sie sich wieder ab, genau wie die Touristen in Florenz, und versäumen die Schätze, an denen sie Anteil haben könnten, wenn sie die »Tür« öffnen und hindurchgehen würden.

Manche Türen sind sehr schwer und lassen sich nicht durch einen Druck auf die Klinke öffnen. Das gilt beispielsweise für die Tore der Ming-Gräber. Kein Mensch könnte sie öffnen. Nicht einmal ein Dutzend starker Männer könnte das. Es musste eine Hydraulik installiert werden, um sie zu öffnen, damit Menschen hineinkönnen. Aber die Tür zum Reich Gottes geht ganz leicht auf. In Gottes Wort heißt es: »Klopft an, dann wird euch die Tür geöffnet« (Matthäus 7,7). Es ist wirklich ein trauriger Gedanke, dass so viele nicht an diese Tür klopfen, sondern einfach weitergehen.

Vor einer Tür zu stehen hat mit Entscheidung zu tun. Soll man klopfen oder nicht? Soll man eintreten oder nicht? Türen führen irgendwohin, sie trennen aber auch das, was drinnen ist, von dem, was draußen ist. Wenn man durch eine Tür geht, überschreitet man eine Grenze.

Wenn ich durch all diese Türen, die ich beschrieben habe, nicht gegangen wäre, hätte ich Donatellos Meisterwerk nicht gesehen, weder die Ming-Gräber der chinesischen Kaiser noch die Goldmaske des Pharaos noch die Bilder und Geräusche von Jerusalem.

Wenn ich nicht durch die »Tür« gegangen wäre, die Jesus Christus ist, hätte ich das herrliche, ewige Reich Gottes versäumt, das Gott für die bereithält, die ihn lieben. Das Wunderbare daran ist, dass wir *jetzt* Zugang zu diesem Reich haben, dass es uns offen steht. Wir müssen nicht bis nach unserem Tod warten, um hineinzukommen. Nein, wir betreten es in dem Augenblick, in dem wir unser ganzes Vertrauen auf Jesus Christus setzen und an ihn glauben. Man kann schon heute, hier und jetzt, zu Gottes ewiger Familie, zu seinem ewigen Reich gehören. Es kann jetzt für Sie beginnen, jetzt, wo Sie diese Worte lesen.

In den zurückliegenden Jahren habe ich in den verschiedenen Teilen der Welt so viele Menschen kennen gelernt, die durch diese Tür des Glaubens hindurchgegangen sind und jetzt die Schätze entdecken, die Gott für seine Kinder bereithält.

Ein solcher Mensch war auch Sam aus Kambodscha. Ihr Name ist eigentlich länger, aber sie bat mich, sie einfach »Sam« zu nennen, weil ihr vollständiger Name so schwer auszusprechen war. Das verbrecherische Regime von Pol Pot war gerade auf der Höhe seiner Macht und die Roten Khmer zogen von Dorf zu Dorf und töteten wahllos. Eines Tages war es soweit: Die Armee näherte sich unaufhaltsam dem Dorf, in dem Sam lebte.

Kurz zuvor hatte Sam einen jungen Mann von den Philippinen kennen gelernt. Er war als Tourist unterwegs, und als er hörte, dass die Armee im Anmarsch war, beschloss er, sofort aus Kambodscha abzureisen. Er schlug Sam vor, mit ihm zu kommen. Sam wusste, dass ihre Chancen, das Massaker zu überleben, zu dem es höchstwahrscheinlich kommen würde, gering waren. Also ging sie mit ihm, obwohl sie ihn kaum kannte.

Der junge Mann schlug vor, sich als Ehepaar auszugeben, falls sie von den Behörden angehalten würden. Sie mieden Dörfer, indem sie Schleichwege benutzten, versteckten sich immer wieder im Busch und erreichten schließlich die Philippinen. Der Junge, der glaubte, dass sein Auftrag, Sam aus Kambodscha herauszubekommen, damit abgeschlossen war, ließ sie in Manila zurück und machte sich auf den Heimweg.

Sam war jetzt völlig allein in einem fremden Land, konnte kein Wort der Sprache und war sehr ängstlich und verschreckt. Sie sah eine Kirche, und obwohl sie nichts über den christlichen Glauben wusste, weil sie in einem kommunistischen Land als Buddhistin groß geworden war, hatte sie das Gefühl, dass ihr dort vielleicht jemand helfen könnte.

Sie wurde herzlich aufgenommen und fürsorgliche Christen kümmerten sich um sie. Sie fing an, die Sprache zu lernen, und besuchte Veranstaltungen und Gottesdienste in der Gemeinde. Sam entdeckte, dass Gott sie liebte und für sie sorgte, und sie wünschte sich, seine Liebe erwidern zu können. Sie hörte vom Tod Jesu am Kreuz und von seiner Auferstehung, und sie erfuhr, dass alle Menschen ewiges Leben haben können, wenn sie an Jesus Christus glauben.

Sam gewann Vertrauen zu Jesus und schloss sich einem Bibelkreis an. Ihr Wissen über Gott nahm zu, genau wie die Freude darüber, sein geliebtes Kind zu sein.

Als ihr klar wurde, was für eine große Freude es mit sich

brachte, zur Familie Gottes zu gehören, wollte Sam, dass auch der junge Mann, der ihr zur Flucht verholfen hatte, von der Liebe Gottes erfuhr. Also rief sie ihn an und lud ihn in die Gemeinde ein.

Er kam und besuchte ebenfalls bald regelmäßig die Gemeinde. Schließlich wurde er auch Christ, und ein paar Monate später heirateten Sam und er. Heute sind sie und ihre Kinder wieder in Asien, und arbeiten für einen christlichen Radiosender, der die Gute Nachricht von Jesus weiterverbreitet, so dass auch andere Menschen von Jesus erfahren, der die Tür zum Himmel ist.

Manche Türen öffnen sich auf ein Losungswort hin. Ali Baba aus der berühmten Geschichte beispielsweise fand eine Tür, die sich öffnete, als er sagte: »Sesam, öffne dich.« Er stand daraufhin in einer Höhle, in der Schätze von unermesslichem Wert gelagert waren.

Die Tür zum ewigen Leben öffnet sich ebenfalls durch ein Losungswort. Das sind die Worte, die Frau wie Mann, Junge wie Mädchen zu dem Jesus sagen, der die »Tür« ist: »Danke, dass du mich liebst; vergib mir meine Sünden; danke, dass du für mich gestorben bist und meine Strafe auf dich genommen hast; nimm mich als dein Kind an in Ewigkeit.«

Das sind die Worte, die auch Liz aus Sydney in Australien eines Tages sagte. Liz war eine bekannte Theater- und Filmschauspielerin. Ich hatte sie zu einem Vortrag in die Schule gebeten, in der ich damals unterrichtete, und so lernten wir uns kennen. Danach traf ich sie noch ein- oder zweimal. Sie zählte zu den Berühmtheiten der Stadt und bewegte sich mit ihrem Mann, der ebenfalls Schauspieler war, in Prominentenkreisen. Dann starb ihr Mann.

In den ersten Tagen nach seinem Tod, als der Schmerz am heftigsten war, kümmerte sich einer der Pastoren der Anglikanischen Gemeinde von Sydney um sie. Weil ihr Mann so bekannt war, wurde der Trauergottesdienst in der großen Kathedrale von Sydney abgehalten.

Ein paar Wochen nach der Beerdigung fing Liz an, den Frühgottesdienst in der Kathedrale zu besuchen.

Als ich eines Morgens dort predigte, sah ich sie in einer Bank sitzen. Ich freute mich, sie dort zu sehen, und nach dem Gottesdienst schlug ich ihr vor, uns doch einmal auf einen Kaffee zu verabreden.

Ein paar Wochen später saßen wir zusammen, und sie erzählte mir, wie gut es ihr getan habe, nach dem Tode ihres Mannes die Hilfe eines Seelsorgers in Anspruch nehmen zu können. Sie erzählte auch von ihrem Wunsch, Gott kennen zu lernen. »Ich nehme an, ich muss einfach weitersuchen«, meinte sie.

Ich sagte, dass sie zwar weitersuchen könne, wenn das ihr Wunsch sei, dass ihre Suche aber auch noch an diesem Tag ein Ende haben könne. Gott sprach auch zu ihr, wenn er durch den Propheten Jeremia sagte: »Wenn ihr mich sucht, werdet ihr mich finden. Ja, wenn ihr mich von ganzem Herzen sucht, will ich mich von euch finden lassen« (Jeremia 29,13). Ich sagte ihr, dass Gott sie liebte und ihr nah sein wollte. Wenn sie wollte, könnte sie ihm noch am selben Tag antworten. Auch machte ich einen Vorschlag, mit welchen Worten sie zu ihm beten könnte, wenn sie durch die Tür in das wunderbare Reich Gottes eintreten wollte, das er für sie und alle, die an ihn glauben, bereithält.

Am selben Tag noch bekam ich einen Anruf. Es war Liz.

Sie sagte: »Ich rufe an, um dir zu sagen, dass ich das Gebet gebetet habe!«

Inzwischen geht Liz regelmäßig zu Gottesdiensten und Veranstaltungen in die Kathedralen-Gemeinde und bringt auch immer wieder Freunde mit.

Indem sie ihr Leben im Glauben an Jesus Christus Gott übergab, ist Liz durch die Tür in das ewige Reich Gottes hineingegangen und kann sich jetzt am Segen dieses Reiches für ihr Leben erfreuen. Sind auch Sie schon durch diese Tür hindurchgegangen? Mit Gott zu leben bedeutet, Schutz durch seine Stärke zu erfahren und Hilfe und Rat in allen Lagen zu bekommen. Wer zu Gott betet und in seinem Wort – der Bibel – liest, kann Freude und Frieden erleben, die menschliches Verstehen übersteigen.

Wir haben Zugang zu so vielen »Schätzen«, die wir genießen dürfen. Hier nur einige davon:

- *Vergebung:* »Eure Sünden sind blutrot, und doch sollt ihr schneeweiß werden. Sie sind so rot wie Purpur, und doch will ich euch reinwaschen wie weiße Wolle« (Jesaja 1,18).
- *Friede:* »Es ist mein Friede, den ich euch gebe; ein Friede, den sonst keiner geben kann. Seid deshalb ohne Sorge und Furcht« (Johannes 14,27).
- *Liebe:* »Ich habe euch schon immer geliebt, darum bin ich euch stets mit Güte begegnet« (Jeremia 31,3).
- *Stärke und Schutz:* »Fürchte dich nicht, denn ich bin bei dir; hab keine Angst, denn ich bin dein Gott. Ich mache dich stark, ich helfe dir mit meiner siegreichen Hand« (Jesaja 41,10).
- *Rat und Hilfe:* »Mein blindes Volk werde ich auf Straßen und Wegen führen, die sie nicht kennen« (Jesaja 42,16).
- *Hoffnung:* »Denn ihr wisst ja, dass sich eure Hoffnung im Himmel erfüllen wird. Von dieser Hoffnung habt ihr gehört, als man euch das Evangelium von Jesus Christus, das Wort der Wahrheit verkündete« (Kolosser 1,5).
- *Ewiges Leben:* »Denn Gott hat die Menschen so sehr geliebt, dass er seinen einzigen Sohn für sie hergab. Jeder, der an ihn glaubt, wird nicht verloren gehen, sondern das ewige Leben haben« (Johannes 3,16).

Das sind nur einige der Schätze, die uns zur Verfügung stehen, wenn wir durch die Tür gehen und für immer und ewig geliebte Kinder Gottes werden.

Wenn Sie immer noch vor dem Tor zum Reich Gottes stehen und die »Tür« anstarren, die Jesus Christus heißt, dann denken Sie daran, dass Türen dazu da sind, um hindurchzugehen! Vertrauen Sie Ihr Leben jetzt Gott an; gehen Sie durch die Tür hindurch und fangen Sie an, die Schätze zu genießen, die Gott für Sie bereithält.

Vorschläge fürs Gespräch

1. *Welche »Tür« war in letzter Zeit für Sie besonders wichtig?*
2. *Untersuchen Sie das Bild vom Hirten und den Schafen in Johannes 10, besonders die Verse 9-16. Was erfahren wir hier über Gottes Liebe und seine Fürsorge für uns? Was bekommen die, die durch die »Tür« gehen? Besonders Verse 25-30.*
3. *Betrachten Sie einige der »Schätze«, die uns gehören, wenn wir durch die Tür des Glaubens an Jesus Christus gehen und das ewige Reich Gottes betreten.*

Zur Ermutigung: *Epheserbrief Kapitel 1:*

a) Verse 7-8

b) Verse 13-14

c) Verse 17-19

Epheserbrief Kapitel 2:

a) Verse 1-10

b) Verse 11-13

c) Verse 19-22

2. Sich auf den Weg machen

Ich werde nie meinen Besuch bei einer kleinen Gemeinde in Nepal an einem Sonntagmorgen vergessen.

Ich war eingeladen worden, in einer kleinen Kirche, weit weg von der Hauptstadt Katmandu, morgens in einem Gottesdienst zu predigen. Der Blick vom Flugzeug auf die Berge ist zu bestimmten Jahreszeiten atemberaubend schön, wenn die schneebedeckten Berggipfel sanft ins üppige Grün der Reisfelder übergehen. Manche der Gebirgslandschaften in Nepal sind durchzogen von Tälern, in denen terrassenförmig Reisfelder angelegt sind.

An dem besagten Morgen waren etwa 50 Menschen im Gottesdienst in der kleinen Kirche, von denen manche weite Fußwege hinter sich hatten. Ihre schmutzigen Füße zeugten von der Beschwerlichkeit der Strecke. Am Eingang der Kirche sah ich große Haufen von Schuhen liegen, und nachdem auch ich meine Schuhe ausgezogen hatte, fügte ich sie der Sammlung hinzu. In der Kirche stellte ich fest, dass es keine Sitzbänke gab, also setzte ich mich zu den anderen Menschen auf den Boden.

Der Gottesdienst wurde auf Nepali gehalten, dessen ich nicht mächtig war, also betrachtete ich die Leute um mich her. Die meisten kamen aus den Dörfern der Umgebung, von winzigen Babys, Kleinkindern, die herumliefen, bis hin zu sehr alten Menschen. Eine Frau erregte aus einem ganz besonderen Grund meine Aufmerksamkeit.

Immer wenn ein Choral angekündigt wurde und die Menschen die Liederbücher zur Hand nahmen, sah ich, dass sie ihres nicht benutzte. Ich nahm an, dass sie die Lieder auswendig konnte und deshalb nicht auf die abgedruckten Texte angewiesen war. Später sollte sich herausstellen, dass meine Vermutungen nur teilweise zutrafen.

Immer wenn sie sang, lag ein wunderschönes Lächeln auf ihrem Gesicht. Mit geschlossenen Augen erhob sie die Hände sehr hoch, und meine Aufmerksamkeit richtete sich ganz auf diese Hände. Ein paar Finger fehlten völlig, bei anderen fehlten einzelne Glieder. Ich sah auf ihre Zehen und entdeckte, dass auch sie verkrüppelt waren. Diese Frau hatte Lepra gehabt!

Obwohl sie – wie ich später erfuhr – jetzt geheilt war, konnte man die Folgen der Krankheit an ihren Händen und Füßen noch deutlich erkennen. Aber das Gesicht dieser Frau strahlte in reinster Freude. Das einzige Wort, das ich von dem gesamten Gottesdienst verstand, war mein Name. Als ich ihn hörte, nahm ich ganz richtig an, dass ich jetzt mit der Predigt an der Reihe war. Gleichzeitig mit mir stand ein Übersetzer auf, und meine Predigt begann. Ich sprach an diesem Sonntag über die frohe Botschaft, die den Hirten verkündet wurde, wobei ich die Aufmerksamkeit der Zuhörer auf die Tatsache lenkte, dass die Hirten, nachdem sie Jesus mit eigenen Augen gesehen hatten, alles weitererzählten (Lukas 2,17).

Nach dem Gottesdienst fragte ich meinen Übersetzer, ob ich die Menschen einzeln begrüßen und ein paar Worte mit ihnen wechseln könne. Als wir zu der Frau kamen, die ich während des Gottesdienstes beobachtet hatte, stellte ich fest, dass sie mir sehr viel sagen wollte. Mein Übersetzer war etwas besorgt, weil sie so viel Zeit in Anspruch nahm, denn es waren immer noch Leute da, die ich kennen lernen wollte, aber ich war völlig fasziniert von dem, was die Frau mir erzählte.

Sie sagte, dass sie noch nie in der Bibel gelesen habe, denn sie sei Analphabetin, habe nie eine Schule besucht. Sie käme jetzt jedoch schon seit einigen Jahren in die Kirche, um dort zuzuhören. Da wurde mir klar, dass es noch einen Grund gab, weshalb sie das Gesangbuch nicht benutzte. Sie konnte die Texte darin gar nicht lesen. Sie sagte, sie höre der Predigt und den Bibellesungen immer aufmerksam zu, und sie wisse, dass Gott sie liebe und dass sie zu ihm gehöre.

Und dann sagte sie: »Ich möchte die Gute Nachricht so gern anderen weitersagen, aber es ist hier gesetzlich verboten, von Jesus zu reden. Eins kann ich jedoch tun. Jetzt, wo ich zu alt bin, um noch auf den Reisfeldern zu arbeiten, gehe ich während der Woche an den Feldern entlang und rede mit den Leuten dort. Ich sage: ›Möchten Sie nicht am nächsten Sonntag um zehn Uhr in die Kirche kommen und etwas über Gott erfahren?‹ Das frage ich so viele Leute wie möglich.

Wenn sie dann kommen, hören sie selbst von der Liebe und Vergebung Gottes und von dem besonderen Ort, den Gott für jeden von ihnen im Himmel vorbereitet hat. Es ist nicht verboten, Leute einzuladen!«

Später fragte ich meinen Übersetzer, ob auf Grund ihrer Einladung denn wirklich Menschen in die Gottesdienste kämen, und er antwortete: »Ja, es kommen immer ein paar neue Gottesdienstbesucher, und wir haben keine Ahnung, wo sie die Leute alle auftreibt!«

Seit damals hat das Wort aus Jesaja eine besondere Bedeutung für mich:

> »Wie lieblich sind auf den Bergen
> die Füße der Freudenboten,
> die da Frieden verkündigen,
> Gutes predigen, Heil verkündigen,
> die sagen zu Zion:
> dein Gott ist König!«
> *(Jesaja 52,7; Lutherübersetzung)*

Eine solche Botin war diese alte Frau mit den verkrüppelten Händen und Füßen, von denen sie sich nicht daran hindern ließ, durch die Reisfelder in den Bergen von Nepal zu gehen und andere einzuladen, doch mit eigenen Ohren zu hören, dass Gott sie liebte.

Im Laufe meiner Arbeit habe ich viele solcher Botinnen kennen gelernt!

Da ist Rebecca, die unter den Müllmenschen in Kairo arbeitet; Luisa, die Häftlinge in den Gefängnissen von Lima besucht. Dann wäre noch Maria zu nennen, die eine Gemeinde in der Mongolei gegründet hat. Elisabeth gibt in Deutschland eine christliche Zeitschrift heraus. Ruth ist da, die in Sydney lebt und die Mütter der Freunde ihrer Kinder zum Kaffee einlädt, um mit ihnen über Jesus zu sprechen. Olga hilft beim Verteilen von Bibeln in der CIS. Und Sai und Mere auf den Fidschi-Inseln treffen sich jede Woche und beten für ihr Land.

Wohin sind wir bereit zu gehen und wie brennend ist unser Wunsch, den Menschen um uns herum die Gute Nachricht von Jesus Christus weiterzusagen? Wir können doch genau wie die Frau in Nepal Nachbarn und Freunde in unsere Gemeinde oder zu uns nach Hause einladen, damit sie mit eigenen Ohren von der Liebe Gottes erfahren, die das Leben völlig verändern kann. Durch die Begegnung mit der Frau in Nepal habe ich gelernt, dass Gott jeden Menschen gebrauchen kann, und zwar an dem Platz, wo er gerade ist.

Zwischen Babyfläschchen und Windelbergen

»Hallo, du bist doch mutig«, meinte Steffi, eine gute Bekannte, am Telefon. Noch bevor ich widersprechen konnte, gab sie mir Namen und Anschrift einer jungen Frau aus unserem Nachbarort mit dem Auftrag: »Du musst sie unbedingt bald besuchen, sie muss dringend mehr über Jesus hören! Das war es auch schon. Tschüss.« Sie hatte aufgelegt.

»Wie komme ich dazu, bei einer wildfremden Frau wie ein Hausierer an der Türe zu klingeln?«, dachte ich. »Wie hat Steffi sich das nur gedacht? Und überhaupt – warum geht sie nicht selber hin?«

Steffis Anruf stürzte mich fast in eine Gewissenskrise. Natürlich möchte ich nicht feige sein, wenn Gott mir aufträgt, von meiner Beziehung zu ihm zu erzählen. Aber einfach irgendwo zu klingeln und loszulegen, das wäre doch wohl zu plump. Ich würde diese Frau sicher vor den Kopf stoßen, und das kann Gott schließlich auch nichts nützen. Ich beschloss, die Angelegenheit auf sich beruhen zu lassen und vorerst keinen Besuch zu machen.

Doch da war die Sache mit meinem Gewissen. Wann immer ich zur Ruhe kam, bohrte in mir der Gedanke, dass ich noch einen Besuch zu machen hätte.

An diesem Dienstagnachmittag hatte ich die Nörgelei meines Gewissens einfach satt. Frustriert verließ ich mein Bett, in dem ich eigentlich einen Mittagsschlaf hatte abhalten wollen, packte mein gerade vier Monate altes Baby ins Auto und fuhr Richtung Nachbarort.

»Mutig? Hat sie mutig gesagt?«, schoss es mir durch den Kopf, als ich zaghaft mit Baby im Arm den Klingelknopf neben dem mir unbekannten Namensschild drückte. Es blieb mir gerade noch Zeit für ein kurzes Stoßgebet, bis die Tür sich öffnete. Vor mir stand eine nette, etwa gleichaltrige junge Frau mit einem schreienden Baby in den Armen – Anke.

Der Rest war wirklich einfach. Sie freute sich über unseren Besuch, hatte ihn sogar schon lange erwartet. Steffi hatte ihr von mir und von meinem Christsein erzählt, und nun wollte sie so gerne wissen, was das alles zu bedeuten hatte.

So saßen wir in ihrem kleinen Wohnzimmer zwischen Windelbergen, die darauf warteten, gefaltet zu werden. Sie gab ihrem Kind ein Fläschchen, ich stillte, und »nebenbei« erklärte ich ihr, dass Jesus Gottes Sohn ist, dass er sein Leben aus Liebe zu ihr hingegeben hat und wie sie ihn in ihr Leben einladen könne. Ich kam mir vor wie im Traum. War tief beschämt über meine Feigheit und doch froh, dass ich sie schließlich überwunden hatte.

Sie erzählte mir viel aus ihrem Leben, auch von den Startschwierigkeiten ihrer jungen Ehe, und war fest entschlossen, uns gemeinsam mit ihrem Mann zu besuchen.

Dieser Besuch ließ nicht lange auf sich warten. Zwei Wochen später luden wir die Familie zum Mittagessen ein.

Auch diesmal war Anke sehr zielstrebig. Ohne lange Umschweife bat sie uns, nun auch ihrem Mann zu erklären, wie man Christ wird.

»Ich möchte das jetzt tun. Ich möchte beten«, sagte sie dann einfach, noch bevor wir sie überhaupt danach gefragt hatten.

So kam Anke zum Glauben. Und ihr Mann bat Gott im Gebet, ihm diesen Weg auch zu zeigen.

Gott erhörte sein Gebet zwei Jahre später. Es war ein großer Festtag, als die beiden in unserer kleinen Gemeinde getauft wurden!

Auch wenn diese Geschichte keine alltägliche Erfahrung wiedergibt, so habe ich doch etwas ganz Wichtiges durch Anke gelernt: Gott bereitet die Herzen vor und er schreibt Lebensgeschichten. Von mir wünscht er sich nur eine Antwort: »Auf dein Wort, Herr, will ich es wagen!«

Eine ganz besondere Frau habe ich in Kairo kennen gelernt, die Gynäkologin Hoda, die mit den Menschen in den Mülldörfern am Rande der Stadt arbeitet.

Im moslemischen Ägypten ist es genau wie im hinduistischen Nepal gesetzlich verboten, Menschen zu einer Bekehrung zu Jesus Christus einzuladen, und dennoch leben in dem Land viele Christen, die sich bemühen, Lichter Gottes zu sein. An einem Tag traf ich mich mit Hoda und einer Gruppe ägyptischer Christinnen zum Mittagessen und fragte sie, wie es sei, in einem Land zu leben, in dem man nicht über Jesus Christus sprechen dürfe. Hoda antwortete: »Es ist zwar verboten, über ihn zu sprechen, aber es ist nicht verboten, für ihn zu leben; unser Leben muss unser Zeugnis sein.«

In dieser einen Woche nahm sie mich mit auf ihre wöchentlichen Besuche zu den Menschen, die in absoluter Armut am Rande der Millionenstadt lebten, um, soweit das überhaupt möglich war, dort Gesundheitsfürsorge zu leisten.

Mitten in dem Müll leben Tausende von Menschen, Flüchtlinge aus Oberägypten, die in Kairo wohnen und arbeiten. Christen aus verschiedenen Gemeinden arbeiten zusammen, um diesen Menschen zu helfen: Sie gründen Schulen, bauen Gesundheitseinrichtungen auf, unterhalten eine Suppenküche für alte Menschen. Sie zeigen den Menschen, wie sie den Müll am besten durchsuchen und die brauchbaren Dinge, die sie dort finden, weiterverkaufen können. Christen wie Hoda stellen großzügig ihre Zeit zur Verfügung, um im Namen Jesu Menschen in Not zu helfen.

Zwar darf man in Ägypten nicht Menschen zum Glauben an Jesus Christus führen. Aber es ist nicht verboten, Fragen zu beantworten. Wenn sie bei ihrer Arbeit sind, werden die Christen dort dauernd gefragt: »Warum tut ihr das eigentlich alles für uns?« Und indem sie solche Fragen beantworten, geben sie etwas von der Liebe Gottes weiter. Schöne Bilder mit Bibeltexten hängen an den Wänden in der Schule und erzählen von Gott.

Ich nahm mit einer Übersetzerin an einem Vortrag für Frauen teil, den Hoda hielt. Sie sprach über die Beschneidung kleiner Mädchen und versuchte den Frauen deutlich zu machen, dass es gefährlich, schmerzhaft und unnötig sei, ihre Töchter auf diese Weise verstümmeln zu lassen. Sie belegte, dass es vom Koran her keine Rechtfertigung für diese Praxis gebe, und forderte die Frauen auf, sich doch einmal zurückzuerinnern an ihre eigene Beschneidung. Viele Frauen brachen in Tränen aus und weinten noch heftiger, als Hoda fragte: »Möchtet ihr, dass eure Töchter genauso leiden und verstümmelt werden?« Die Antwort lautete einhellig: »Nein!« Als Hoda dann nachfragte: »Wollt ihr damit sagen, dass ihr damit aufhört, euren Töchtern diese Tortur anzutun?«, war sie enttäuscht über die Antwort: »Es ist zu schwierig, sich gegen die Tradition zu stellen.«

Hoda erzählte mir, dass sie bestimmt wieder eine Gelegenheit suchen würde, um mit den Frauen darüber zu reden, aber dann in Anwesenheit der Männer des Dorfes. Sie befürchtete jedoch, dass die Männer nicht kommen und sie anhören würden, weil sie eine Frau war.

Um die Mittagszeit besuchten mein Mann David und ich die alten Menschen in der Suppenküche, die von Christen betreut wurde, und auch der Raum, in dem sie aßen, war mit Bildern und Bibelversen geschmückt, die von Gottes Schöpfung und Liebe sprachen.

Hoda und die Menschen, die mit ihr zusammenarbeiteten, brachten das Licht von Jesus in die Dunkelheit dieses finsteren, stinkenden Slums. Die Füße, die sie Woche für Woche dorthin brachten, waren wirklich wunderschön.

In vielen Teilen der Welt ist es Christen aus religiösen oder politischen Gründen verboten, von Jesus Christus zu sprechen, aber sie alle haben die tiefe Sehnsucht, die gute Nachricht weiterzusagen.

Unter kommunistischer Herrschaft waren Christen sehr eingeschränkt, wenn es darum ging, anderen etwas über Jesus zu erzählen. Es gibt aber einige bemerkenswerte

Geschichten darüber, wie die Menschen diese äußerst eingeschränkten Möglichkeiten dennoch nutzten.

Albanien gehörte zu den kommunistischen Ländern, wo offiziell dauernd lautstark verkündet wurde: »Es gibt keinen Gott!« Das Land wurde sogar zum atheistischen Staat erklärt, und jegliche Art christlichen Zeugnisses war strengstens verboten.

Eine junge Frau, die ich ein Jahr nach dem Zusammenbruch des Kommunismus kennen lernte, wuchs mit der ständig wiederholten Parole auf: »Es gibt keinen Gott.« Das drang aus Lautsprechern in der Schule und auf der Straße. »Aber«, fährt sie fort, »ich hatte eine Großmutter, die noch wusste, wie es vor der kommunistischen Machtübernahme vor fast vierzig Jahren gewesen war. Immer wenn ich meine Großmutter besuchte, fand sie eine Gelegenheit, mir zuzuflüstern: ›Es gibt einen Gott, der dich liebt.‹ Mehr konnte sie nie sagen, aber sie hat es mir immer wieder bei jeder sich bietenden Gelegenheit zugeflüstert. Die Stimmen aus den Lautsprechern sagten: ›Es gibt keinen Gott‹, und meine Großmutter flüsterte: ›Es gibt einen Gott, der dich liebt.‹«

Mia, meine albanische Freundin, erzählte mir, dass sie über dreißig Jahre lang ein Gleichgewicht zwischen diesen beiden Aussagen hielt und auf den Tag wartete, an dem sie die Freiheit haben würde, mehr über Gott zu erfahren. Und sie berichtet weiter: »Im vergangenen Jahr brach dann der Kommunismus zusammen. Aber meine Großmutter war inzwischen gestorben, so dass ich niemanden hatte, mit dem ich darüber sprechen konnte. Ich erfuhr allerdings, dass bald die erste Touristengruppe in unser Land kommen sollte. Also machte ich mich auf die Suche nach ihnen. Ich fand sie in der Stadt, ging auf die Gruppe zu und fragte: ›Ist jemand unter Ihnen, der mir etwas über den Gott erzählen kann, der mich liebt?‹, und es gab jemanden. Jemand konnte mir von diesem Gott erzählen und tat es auch.«

Die Großmutter dieser jungen Frau hatte »liebliche Füße«, ebenso wie die Touristin, die ihr die Gute Nachricht weitersagte.

In 1. Petrus 3,15 fordert Petrus alle Christen auf, immer zum Zeugnis bereit zu sein und von der Hoffnung zu sprechen, die in uns lebendig ist und wirkt. Vielleicht ergibt sich auf unserer nächsten Reise – egal, ob sie nur kurz oder Tausende von Kilometern lang ist – die Gelegenheit zu einem solchen Zeugnis.

Manchmal hören wir erstaunliche Geschichten über die Art und Weise, wie Gott in dieser Welt wirkt, indem er ganz gewöhnliche Menschen auf ganz ungewöhnliche Art und Weise einsetzt. Eine solche Geschichte wurde mir erzählt, als ich kürzlich im Nahen Osten war.

Eine Christin, die als Krankenschwester in Saudi-Arabien arbeitete, erzählte: Von den Tausenden junger amerikanischer Soldaten, die während des Golfkriegs in dem Land dort stationiert waren, seien sehr viele Christen gewesen. Ihnen war klar, dass ihre Möglichkeiten, von Jesus zu erzählen, dort begrenzt waren; sie wussten, dass sie niemals mit den Einheimischen Gespräche über Jesus und den christlichen Glauben beginnen konnten. Stattdessen gingen sie einfach in Uniform in der Stadt herum und beteten für die Stadt und die Menschen, denen sie begegneten.

Sie sahen aus wie eine kleine Gruppe junger Leute in Uniform, die lediglich plaudernd einen Spaziergang machten, aber in Wirklichkeit beteten sie. Das taten sie oft.

Eines Tages gesellten sich drei oder vier junge Araber zu ihnen.

Die Jugendlichen fragten: »Wer ist der Mann in Weiß, der immer mit euch geht, wenn ihr in der Stadt herumlauft?«

Die Soldaten wunderten sich über diese Frage, antworteten jedoch: »Das muss Jesus sein.«

»Und warum sollte Jesus wohl bei euch sein?«, lautete die nächste Frage.

Die Soldaten antworteten: »Weil wir für euch und eure Stadt gebetet haben.«

»Warum habt ihr denn für uns gebetet?«, fragten sie weiter.

»Weil Gott euch liebt und möchte, dass ihr mehr über ihn erfahrt und über Jesus, den er auf die Erde geschickt hat, um uns allen den Weg zu Gott zu zeigen«, kam die Antwort.

Die Jungen stellten den Soldaten immer mehr Fragen. Und schließlich war daraus ein Gespräch über die Liebe Gottes geworden.

Die Füße der Soldaten, die sie immer wieder durch die Stadt getragen hatten, waren zu Füßen von Freudenboten geworden.

Wohin tragen uns unsere Füße? Auch wir können, genau wie die alte Frau in Nepal, Nachbarn und Freunde besuchen und sie einladen, mit eigenen Ohren die Leben verändernde Botschaft von der Liebe Gottes zu hören – zum Beispiel in einem Hauskreis. So wie Hoda können wir im Namen Jesu für diejenigen da sein, die in Not sind. Wie die albanische Großmutter können wir einem Menschen, einem Kind oder einem Erwachsenen zuflüstern, dass Gott ihn liebt. Wie die jungen Soldaten können wir für die Menschen in unserem Umfeld beten und immer bereit sein, Fragen zu beantworten.

Vielleicht sind unsere Füße nicht besonders ansehnlich, aber wenn sie für Gott laufen, sind sie mit Sicherheit »lieblich«.

Vorschläge fürs Gespräch

1. *Lesen Sie Jesaja 6,8.*
   Überlegen Sie sich einige Möglichkeiten, wie Sie den Menschen von der großen Liebe Gottes erzählen könnten.

2. *Denken Sie über Johannes 21,15-17 nach.*
   Wie können wir Gottes »Schafe weiden«?

3. *Psalm 66 ist eine großartige Ermutigung, anderen davon zu erzählen, was Gott für uns getan hat.*
   Wie kann unsere eigene Geschichte uns helfen, andere zu Gott zu führen? (Psalm 66,16)

3. Die Gute Nachricht weitererzählen

Wie oft sind Sie schon anderen gegenüber herausgeplatzt, wenn Sie gute Nachrichten bekommen haben, etwa: »Ich habe tolle Neuigkeiten.« Der Wunsch, spannende Informationen weiterzugeben, kann aus eher ruhigen und schüchternen Zeitgenossen Menschen machen, deren gesamtes Wesen Freude ausstrahlt.

Als Christen haben wir gute Nachrichten – die besten, die es gibt. Es sind die erstaunlichen Nachrichten von Liebe, Vergebung, Friede und Hoffnung. Es ist die Nachricht, dass Gott in diese Welt gekommen ist und durch Jesus wirklich und lebendig Menschen begegnet.

Die Nachricht wurde den Hirten in der Nacht verkündet, als Jesus geboren wurde. Lukas erzählt im zweiten Kapitel seines Evangeliums, dass die Engel kamen und zu den Hirten bei ihren Schafen sagten: »Fürchtet euch nicht! Ich bringe euch die größte Freude für alle Menschen: Heute ist der lang ersehnte Retter zur Welt gekommen.« Und die Reaktion der Hirten auf diese Nachricht war: »Kommt, wir gehen nach Bethlehem. Wir wollen sehen, was dort geschehen ist.« Nachdem sie beim Stall und der Krippe gewesen waren, erzählten sie weiter, was sie gesehen hatten.

Was die Hirten taten, ist die ganz normale Reaktion auf eine gute Nachricht, denn gute Nachrichten sind dazu da, weitererzählt zu werden. Man kann sie einfach nicht verschweigen und für sich behalten!

Erinnern Sie sich noch an die Frauen am Grab am Ostermorgen? Sie wollten sich um den Leichnam von Jesus kümmern und wurden von dem Engel begrüßt mit den Worten: »Er ist nicht hier, er ist auferstanden.« Und dann lud der

Engel sie ein: »Kommt und seht«, und: »Geht ... und sagt es ihnen« (Matthäus 28,6-7).

Es genügte den Hirten und den Frauen nicht, einfach nur die Gute Nachricht zu hören, sondern sie mussten selbst erfahren und erleben, dass die Worte der Engel wahr waren, und dann losgehen und sie weitererzählen.

Viele Menschen haben von Gottes Liebe und Vergebung gehört, die durch den Tod Jesu am Kreuz auch für sie gilt, haben aber in ihrem Leben die Wahrheit dieser Worte noch nie konkret erfahren. Wer diese konkrete Erfahrung jedoch schon gemacht hat, hat den Wunsch, dass auch andere die verändernde Macht der Liebe Gottes erfahren, verstehen und auf sie reagieren.

Wie wir ja bereits im vorigen Kapitel gesehen haben, gibt es viele Menschen, die diese Gute Nachricht liebend gern weitersagen würden, jedoch unter Bedingungen leben, unter denen das äußerst schwierig ist.

Zu diesen Menschen gehört auch Olga, die ich vor ein paar Jahren kennen gelernt habe, und die in einem der Länder lebt, die früher zur Sowjetunion gehörten. Olga hat den größten Teil ihres Lebens unter dem Kommunismus gelebt, jetzt lebt sie unter dem Islam. Als Christin arbeitete Olga in kleinen Hauskreisen, wo sie die Gute Nachricht von Jesus an Menschen weitergab, die in geistlicher und politischer Dunkelheit lebten.

Ich lernte Olga auf einer Konferenz der Lausanner Bewegung für Weltevangelisation in Ungarn kennen, und zwar etwa zu der Zeit, als der Kommunismus zusammenbrach. Viele Teilnehmer hatten russische Bibeln zu der Konferenz mitgebracht, weil sie wussten, dass auch russischsprachige Vertreter dort sein würden, die dringend Bibeln in ihrer Muttersprache brauchten.

Olga bedankte sich höflich für die Bibeln, die ich ihr gegeben hatte, sagte aber: »Ich hätte eigentlich lieber eine in der Sprache meines Volkes.« Unter dem Kommunismus war der

Gebrauch dieser Sprache verboten gewesen, und sie erklärte, dass man dort, wo sie lebe, unglaublich feindselig auf die russische Sprache reagiere. Sie werde als die Sprache derer betrachtet, die ihrem Land den Kommunismus aufgezwungen hätten.

Sie fragte: »Könnten Sie versuchen herauszufinden, wer die Bibel in unsere Sprache übersetzt? Wir glauben, dass die Übersetzung bereits in Arbeit ist, wissen aber nicht, wer übersetzt.« Und dann fügte sie noch hinzu: »Bitte sagen Sie den Leuten, sie sollen zügig weiterarbeiten. Bitten Sie sie, das, was schon fertig ist, so schnell wie möglich zu drucken. Unter dem Islam wird es für die Christen wahrscheinlich noch schwieriger werden, als es unter dem Kommunismus war. Wir brauchen die Bibeln sofort.«

Wir fanden heraus, welche Bibelgesellschaft mit der Übersetzung in die betreffende Sprache beschäftigt war, und wir gaben weiter, was wir von Olga erfahren hatten.

Anderthalb Jahre später traf ich Olga wieder, und meine erste Frage an sie war: »Haben Sie die Bibeln bekommen?« Sie erzählte mir überglücklich, dass das Neue Testament und die Psalmen im Druck seien und die ersten Exemplare gerade erst vor ein paar Monaten eingetroffen und verteilt worden seien. Ein paar Hundert Exemplare waren sogar an ihre Adresse ausgeliefert worden, so dass sie im Besitz des einzigen Buches war, das in ihrer Landessprache existierte.

Die Nachricht, dass es ein Buch in der Landessprache gab, das für alle zugänglich war, breitete sich aus wie ein Lauffeuer, und die Leute kamen von weit her zu ihr nach Hause, um nach dem Buch zu fragen. Sie berichtete, dass viele dieser Menschen Moslems waren, die einfach ein Buch in ihrer eigenen Sprache haben wollten.

Unter diesen Menschen war auch ein junger Mann, der etwa einhundert Kilometer von seinem winzigen Dorf bis zu Olgas Haus zu Fuß zurückgelegt hatte. Sie gab ihm das Buch und sagte ihm, es sei ein Buch über Gott, und er nahm es gern an. Bevor er wieder ging, sagte er ihr, er werde die Nacht im nahe gelegenen Park verbringen, um sich für den langen Rückweg auszuruhen.

Am nächsten Tag erschien er wieder bei Olga, und zwar mit einer ganz erstaunlichen Geschichte. Es war zwar schon spät am Abend gewesen, als er in dem Park angekommen war, aber er hatte trotzdem angefangen zu lesen, und der Inhalt des Buches hatte ihn völlig gefesselt. Er hatte gelesen, bis es völlig dunkel war, aber er war durch das, was er gelesen hatte, so aufgewühlt, dass er nicht einschlafen konnte. Stattdessen sah er sich um, und als er merkte, dass niemand in der Nähe war, begann er laut zu dem zu beten, über den er in dem Buch gelesen hatte.

Weil er nicht wusste, wie er ihn ansprechen sollte, und weil er ihn aus dem moslemischen Glauben als Propheten kannte, begann er laut zu beten: »Großer Prophet Jesus, danke für das, was du für mich getan hast ...« Und er betete immer weiter und erwähnte all die Dinge, über die er gelesen hatte, und als es Morgen wurde, merkte er, dass er gar nicht geschlafen hatte. Nun kam er noch einmal zu Olga zurück mit der Frage: »Wie hört man eigentlich auf zu beten?« Er erklärte ihr, dass er die ganze Nacht gebetet habe und einfach nicht mehr aufhören könne! Dann sagte er, er werde jetzt wieder in den Park gehen, diesmal, um zu schlafen, und sich dann auf den Heimweg machen.

Seither hat Olga noch zweimal von ihm gehört. Einmal wollte er ihr sagen, dass er bei seiner Rückkehr in sein Dorf so aufgeregt gewesen war über die Gute Nachricht, dass er unbedingt jemandem davon erzählen musste. Es gab jedoch sehr strenge Regeln in Bezug auf das Reden über Jesus, und er wusste, dass er es nicht öffentlich tun konnte. Also rief er seine Brüder zusammen und erzählte ihnen, was er erfahren hatte. Er schrieb Olga, dass er und seine Brüder beschlossen hätten, sich einmal in der Woche zu treffen, um im Neuen Testament zu lesen.

Ein paar Monate danach hörte Olga noch einmal von ihm. Diesmal berichtete er ihr, dass inzwischen etwa zwanzig Leute zu der Gruppe gehörten, und obwohl sie keine Kirche, keinen Pastor, keinen Missionar und keinen Bibellehrer hätten, läsen sie zusammen in der einen Bibel, die er mitgebracht hatte. Die Gute Nachricht sprach sich herum, und es kamen ganz leise und unauffällig immer mehr Menschen hinzu.

Gute Nachrichten sind zum Weitersagen da. Man kann sie nicht für sich behalten.

Eine weitere Person, die eine gute Nachricht hatte und sie nicht für sich behalten konnte, war Vera aus Russland. Vera war in einer christlichen Familie aufgewachsen, und ihr Vater, ein Pastor, war während des kommunistischen Regimes etwa zwanzigmal im Gefängnis gewesen, weil er versucht hatte, seine kleine Gemeinde am geistlichen Leben zu halten. Jedes Mal, wenn er einen Gottesdienst hielt, wurde er verhaftet, und immer wenn er wieder aus dem Gefängnis entlassen wurde, hielt er wieder Gottesdienste und arbeitete in seiner Gemeinde. Dann wurde er sofort wieder verhaftet. Auch Veras Glaube war in all den Jahren des Kommunismus stark geblieben.

Jahrelang kam sie auf ihrem Weg zur Arbeit an einem Waisenhaus vorbei. Oft sah sie im Vorbeigehen zu den Kindern hinauf, deren schmale, blasse Gesichter hinter den Fensterscheiben zu sehen waren. Sie hätte so gern etwas Liebe und Wärme zu den Kindern gebracht und ihnen von Gott erzählt. Aber sie lebte im kommunistischen Russland, und das war dort verboten.

Einmal ging sie in das Waisenhaus hinein und bat darum, einen der Verantwortlichen zu sprechen. Dann fragte sie, ob sie die Kinder vielleicht besuchen könne, bekam aber die definitive Antwort, dass das unmöglich sei. Sie wusste aber, dass nichts und niemand sie daran hindern konnte, auch weiterhin den Kindern zuzulächeln, wenn sie vorbeiging und ihnen hin und wieder zuzuwinken. Zunächst kam keine Reaktion von den Kindern, aber dann, nach und nach, konnte sie hier ein Lächeln und da ein schüchternes Zurückwinken entdecken. Jeden Morgen und jeden Abend, wenn sie an dem Waisenhaus vorbeiging, betete sie für die Kinder und bat Gott, ihr doch eine Möglichkeit zu eröffnen, den Kindern von Gottes Liebe zu erzählen.

Nach einer Weile fand sie heraus, dass die Kinder einmal in der Woche im Park spazieren gingen. Vera beschloss, dass sie an demselben Wochentag unbedingt einen Spaziergang im Park brauchte, und so fing sie mit ihrem wöchentlichen »Fitnessprogramm« an. Beim Gehen schloss sie irgendwann zu den Kindern auf und redete mit ihnen.

Sie fragte sie, ob sie genug zu essen bekämen, ob sie glücklich wären, was jeweils verneint wurde. Eines Tages erzählte sie den Kindern von einem Plan, räumte aber auch ein, dass es gefährlich werden könnte. Wenn die Kinder einverstanden wären, würde sie auch weiterhin auf ihrem Hinweg zur Arbeit winken und lächeln, aber abends auf dem Rückweg würde sie auf der anderen Seite des Waisenhauses entlanggehen. Wenn die Kinder draußen einen Eimer oder eine Kiste stehen ließen, würde sie Obst, Brot und Käse hinein tun. Die Kinder könnten sich das Essen dann holen und so ihre schlechte Ernährung ein wenig aufbessern.

Die Kinder waren einverstanden, und so begann Vera täglich Essen beim Waisenhaus abzustellen. Monatelang blieb ihr Tun unentdeckt.

Als Vera eines Morgens auf dem Weg zur Arbeit an der Vorderseite des Waisenhauses entlangging, wartete dort an der Tür ein Mann vom russischen Geheimdienst KGB, und sie wurde hineinzitiert. Der Mann sagte: »Wir beobachten Sie schon seit einer ganzen Weile, und wir wissen, was Sie tun.«

Vera war ziemlich angespannt, während sie darauf wartete, dass er weitersprach, war aber sehr verwundert, als der Beamte fortfuhr: »Wir haben festgestellt, dass die Kinder nur glücklich sind, wenn Sie in der Nähe sind. Könnten Sie die Kinder bitte einmal in der Woche besuchen?«

Endlich war sie da, die Antwort auf Veras viele Gebete.

Sie stimmte bereitwillig zu, und es wurde ein Termin für den wöchentlichen Besuch vereinbart.

Vera erzählte mir, dass sie die Kinder nun schon seit vielen Monaten besuchte und ihnen immer wieder von der Liebe Gottes erzählte. Jede Woche erzählte sie ihnen eine neue biblische Geschichte, und die Kinder erfuhren immer mehr über Gott und seine große Liebe. Sie bemerkte, wie die Kinder sich veränderten, anfingen zu lächeln oder herzlich auf sie und die anderen Kinder reagierten, und sie fühlte sich ebenfalls persönlich bereichert durch ihren Kontakt zu diesen Kindern.

Ich lernte Vera im September 1991 kennen, ein paar Wochen nach dem versuchten Putsch gegen Gorbatschow in Moskau. Sie war meine Übersetzerin bei einem Morgengottesdienst, in dem ich predigen sollte, und nach dem Gottesdienst nahm sie mich noch mit in die Sonntagsschule.

Es war eine begeisternde Erfahrung, durch die Räume in dem ehemaligen Bürogebäude zu gehen, das für die Sonntagsschule benutzt wurde, und mitzuerleben, wie so viele russische Kinder von Gott erfuhren und in ihrer noch ganz neuen Freiheit Gott lobten. Während wir so zusammen durch die Räume gingen, deutete Vera immer wieder auf einzelne Kinder und sagte: »Sie ist aus dem Waisenhaus und er auch. Ist Gott nicht gut?«

Es ist nicht immer einfach, die Gute Nachricht, die Gott uns anvertraut hat, weiterzusagen, aber oft zeigen sich Mittel und Wege. Wenn wir beten und Geduld haben, zeigt Gott uns, wie und wann wir von ihm erzählen können. Wir müssen einfach nur bereit und davon überzeugt sein, dass die Gute Nachricht zum Weitersagen da ist.

Vorschläge fürs Gespräch

1. *Haben Sie »gute Nachrichten« weiterzusagen? Welche Nachrichten sind das? Vielleicht sind die folgenden Verse eine Hilfe:*

2. *a) 1. Johannes 1,5-7; 5,11-12*
   b) 1. Petrus 1,3-5
   c) Epheser 2,19-22

3. *Welche Eigenschaften sollten in unserem Leben erkennbar sein, wenn wir die Gute Nachricht weitergeben? Denken Sie über Galater 5,22-23 nach.*

4. Jesus nachfolgen

Ist Ihnen schon einmal aufgefallen, wie die Werbestrategen uns immer wieder weismachen wollen, dass ihr Produkt wirklich »ganz anders« ist?

Manche Werbeslogans behaupten, dass man »den Unterschied merkt«, »spürt« oder »riecht«, und die meisten Werbeanzeigen verwenden in ihren Texten Ausdrücke wie »außergewöhnlich«, »wundervoll« oder »völlig neu« für ihre Produkte.

Wenn solche Begriffe benutzt werden, um zu beschreiben, wie ein besonderes Produkt unser Leben verändert, welche Worte könnte man dann wohl benutzen, um zu beschreiben, wie anders unser Leben erst mit Jesus aussieht.

Vielleicht müsste man ein ganz neues Wort erfinden wie Mary Poppins und sagen: »Es ist superkalifragilistischexpialigorisch, was für einen Unterschied Jesus macht.«

Paulus' Brief an die Epheser hilft zu verstehen, wie sehr Jesus das Leben von Menschen verändert, die früher keinerlei Beziehung zu Gott hatten, jetzt aber durch den Glauben an Jesus Christus zur ewigen Familie Gottes gehören. Solche Menschen waren »tot« und sind »lebendig« geworden; sie waren »fern«, sind jetzt aber »nah«; sie waren »Fremde«, sind jetzt aber »Mitbürger«; sie waren »Ausländer« und gehören jetzt zur »Familie Gottes«; sie waren in der »Finsternis« und sind jetzt im »Licht«. Was für ein unglaublicher Unterschied!

Wenn man manche Gestalten aus der Bibel fragen könnte, wie sehr Jesus ihr Leben verändert hat, dann würde man bestimmt ein paar interessante Antworten bekommen.

Bartimäus, der Mann, der von Geburt an blind war und am Straßenrand bettelte, würde vielleicht sagen: »Jesus hat mein

Leben vollkommen verändert: Er hat mir mein Augenlicht zurückgegeben.«

Der Steuereinnehmer Zachäus, der bei den Menschen verhasst war, weil er Geld in die eigene Tasche steckte, würde wahrscheinlich sagen: »Er hat mir ganz neue Werte für mein Leben gegeben.«

Maria, die Schwester von Marta und Lazarus, könnte vielleicht sagen: »Er hat mir Mut gemacht, seine Jüngerin zu sein und ihm nachzufolgen.«

Die von den meisten Menschen wegen ihres Lebenswandels verachtete Samariterin würde vielleicht sagen: »Er wusste alles über mich; er hat mir seine ganze Aufmerksamkeit geschenkt und war bereit, mit mir über Gott zu sprechen.«

Die Jünger, die den Sturm auf dem See Genezareth erlebt hatten, würden sagen: »Er hat mitten im Sturm für Ruhe und Frieden gesorgt und uns gerettet.«

Kürzlich habe ich zwei Frauen, die im Laufe der vergangenen Jahre Christen geworden sind, gefragt, wie Jesus ihr Leben verändert hat. Die eine war Sophia aus Israel und die andere Anna aus Kasachstan.

Sophia wurde in eine streng gläubige jüdische Familie hineingeboren. Sie ging gern in die Synagoge und beteiligte sich an den jüdischen Festen zu Hause. In der Synagoge hörte sie immer zu, wenn aus der Tora vorgelesen wurde, und war begeistert von den Geschichten aus den fünf Büchern Mose, darüber, wie Gott für sein Volk sorgte. Als sie älter wurde, beschloss sie, dass sie gern ein Exemplar der Tora für sich selbst hätte, und ging eines Tages in eine Buchhandlung, um es sich zu kaufen. Sie hatte gar nicht gemerkt, dass sie in eine Buchhandlung der Bibelgesellschaft geraten war, als sie nach einem Exemplar der Tora fragte. Der Buchhändler sagte ihr, dass sie die Tora allein nicht als Buch hätten, weil sie ja ein Teil des Alten Testamentes sei. Sophia sagte, das sei schon in

Ordnung, dann würde sie eben ein Altes Testament nehmen. Und wieder sagte der Buchhändler: »Tut mir Leid, aber ein Altes Testament allein drucken wir gar nicht, denn es ist ja nur ein Teil von der ganzen Bibel. Die können Sie haben, wenn Sie möchten.«

Sophia erzählte mir, dass sie sich ziemlich darüber geärgert hätte, ein viel umfangreicheres Buch kaufen zu müssen, als sie eigentlich vorgehabt hätte, aber wenn das die einzige Möglichkeit war, an eine Tora heranzukommen, dann würde sie eben die ganze Bibel kaufen.

Sie nahm die Bibel mit nach Hause, fing beim ersten Buch Mose an zu lesen und las alle fünf Mosebücher in einem Stück durch. Sie fand das, was sie da las, so spannend, dass sie es gar nicht abwarten konnte weiterzulesen, was als Nächstes mit dem Volk Israel geschah. Sie las bis zum Ende des Propheten Maleachi. Nachdem sie das gesamte Alte Testament durchgelesen hatte, hielt sie inne und staunte, wie väterlich Gott sein Volk Israel beschützt und versorgt hatte.

Dann, so erzählte sie weiter, hätte die Neugier die Oberhand gewonnen, und sie hätte beschlossen, einfach eine Seite weiter zu blättern und auch noch den Anfang des Neuen Testamentes zu lesen. Nachdem sie nur das erste Kapitel des Matthäusevangeliums gelesen hatte, wusste sie ohne den geringsten Zweifel, dass Jesus der Messias war, auf den die Juden gewartet hatten.

Sie erklärte mir, dass für die Juden Stammbäume sehr wichtig sind, und dass sie beim Lesen der Listen von Nachkommen von Abraham über Isaak und David bis hin zur Geburt von Jesus »genannt Christus« das Gefühl gehabt habe, als sei ihr ein Schleier von den Augen weggezogen worden. Sie konnte es gar nicht abwarten, ihren Eltern davon zu erzählen, deren Begeisterung sich allerdings sehr in Grenzen hielt! Ihr Vater verbot ihr, in eine christliche Gemeinde zu gehen, solange sie unter seinem Dach lebte.

Und weil sie ihre Eltern ehren wollte, ging sie auch weiterhin in die Synagoge, las aber gleichzeitig auch weiter in ihrer Bibel.

Als sie später von zu Hause auszog, schloss sie sich einer Gottesdienstgemeinschaft messianischer Juden an. Ihre Mutter und ihr Bruder begleiteten sie immer häufiger zu den Gottesdiensten und beide übergaben auch ihr Leben Jesus Christus.

Ein paar Jahre später begann auch der Vater die christliche Gemeinde zu besuchen.

Als ich Sophia fragte, wie Jesus ihr Leben verändert hat, antwortete sie: »Er ist der Messias – der eine, den Gott zu schicken versprochen hat. Er ist mein Erlöser.«

Annas Geschichte ist ganz anders. Ihre Antwort auf die Frage, wie Jesus ihr Leben verändert habe war: »Er gibt mir Hoffnung – eine Hoffnung, die mir der Kommunismus nie geben konnte.«

Anna wurde in St. Petersburg in Russland geboren, das zur Zeit des Kommunismus Leningrad hieß. Sie wuchs unter dem Regime auf und hörte ständig den Satz: »Es gibt keinen Gott.« Sie erzählte mir, wie sie wider alle Hoffnung hoffte, dass die anderen sich irrten, aber keine Möglichkeit hatte, es herauszufinden.

Im späten Teenageralter wusste sie, dass sie jemanden fragen musste, ob es einen Gott gebe oder nicht, aber sie wusste nicht, wen sie fragen sollte. Eine solche Frage zu stellen, konnte streng bestraft werden, und deshalb hatte sie ziemlich Angst.

Als ihre Familie eines Tages die Großeltern besuchte, beschloss sie, allen Mut zusammenzunehmen und ihrem Großvater die Frage zu stellen. Es gab da nur ein Problem: Er war Mitglied des KGB! Aber sie wusste, dass er sie liebte, und sie hatte noch mehr Angst, jemand anders zu fragen.

Beim Essen platzte sie deshalb plötzlich heraus: »Großvater, es gibt doch keinen Gott, oder?« Die eigentliche Frage war dabei das »Oder?«. Ihr Großvater sah sie einen Augenblick lang an und sagte: »Mein Kind, du weißt, dass in meinem Studierzimmer viele Bücher stehen. Wenn du einmal hinter der Tür nachschaust, findest du dort ein schwarzes, in Leder gebundenes Buch mit dem Titel ›Die Bibel‹. Wenn du möchtest, kannst du es lesen.«

Anna erzählte mir: »Er hat eigentlich nicht auf meine Frage geantwortet. Und er hat meine Frage nie beantwortet, aber er hat mir gesagt, wo ich nach einer Antwort suchen kann.«

Anna ging also in das Studierzimmer und fand dort hinter der Tür die Bibel. Sie fing sofort an zu lesen. Die Zeit, die ihr noch blieb, bevor sie wieder abfahren musste, verging viel zu schnell, und sie hatte nicht den Mut zu fragen, ob sie das Buch mit nach Hause nehmen könne.

Von da an besuchte sie ihre Großeltern ziemlich häufig und erzählte mir, dass die alten Leute sich wahrscheinlich wunderten, wieso ihre Zuneigung zu ihnen plötzlich so sehr zugenommen hatte.

Jedes Mal wenn sie bei den Großeltern zu Besuch war, fand sie Gelegenheit, ein bisschen mehr in der Bibel zu lesen, aber sie nahm das Buch nie mit nach Hause, und ihr Großvater bot es ihr auch nie an.

Jahre vergingen, und schließlich heiratete sie einen jungen Mann namens Wladimir und zog aus St. Petersburg fort.

Im Laufe der folgenden Jahre bekam sie zwei kleine Mädchen. Weil Wladimir Pilot bei einer Fluggesellschaft war, war er oft im Ausland, und als die beiden Mädchen zur Schule kamen, war Anna sehr einsam.

Eines Tages las sie in der Tageszeitung eine Anzeige, in der Übersetzer für eine Touristengruppe gesucht wurden, die in die Hauptstadt kam.

Annas Englisch war sehr gut, und deshalb bewarb sie sich. Zusammen mit einer Reihe anderer Bewerber erschien sie zum vereinbarten Termin und stand bereits vor einer großen Besuchergruppe. Weil die Gruppe so groß war, wurde sie in kleinere Gruppen aufgeteilt, und zwar nach Berufen.

Die Übersetzer konnten sich aussuchen, welche Gruppe sie begleiten wollten, und sollten dann eine Woche lang dieser Gruppe zur Verfügung stehen, und zwar als Reiseführer und Übersetzer. Es gab Lehrer, Ärzte, Geschäftsleute, Ingenieure und Pastoren. Anna erzählte weiter, dass sie keine Ahnung hatte, was Pastoren sind. Sie hatte dieses Wort nie zuvor gehört, beschloss aber dennoch, diese Gruppe zu begleiten, weil sie einfach neugierig war, wer sie waren und was sie sich ansehen wollten!

Als Anna mir das erzählte, lächelte sie und sagte: »Ich hatte keine Ahnung, dass es christliche Geistliche waren und dass sie nach Russland gekommen waren, um den Menschen dort zu erzählen, dass es einen Gott gibt, der sie liebt, aber ich fand es bald heraus.«

Sie verbrachten die Woche auf Marktplätzen, in Schulen und allen möglichen öffentlichen Gebäuden, überall da, wo sie über Jesus reden konnten. Anna übersetzte alles, was sie sagten, und auch die Fragen, die die Menschen stellten, und die Antworten der Pastoren. Während dieser Woche wurden alle Fragen, die Anna gehabt hatte, beantwortet, und noch viele mehr.

Als die Woche zu Ende ging, sprachen die Pastoren noch einmal auf einem der großen Plätze. Anna bemerkte eine junge Frau, die am Rande der Menschentraube stand und aufmerksam zuhörte. Anna hatte sie im Laufe der Woche bereits mehrmals gesehen, und nun wurde ihr klar, dass sie ihnen von Ort zu Ort gefolgt war und einfach jede Predigt hören wollte.

Als der Redner geendet hatte, kam die junge Frau zu Anna

und sagte: »Ich habe ein paar Fragen und würde sie den Geistlichen gern stellen. Würdest du für mich übersetzen?« Anna stimmte zu und befand sich jetzt sowohl als Beteiligte als auch als Beobachterin in einem interessanten Dialog zwischen den beiden.

Nachdem sie eine Weile diskutiert hatten, sagte der Geistliche zu der jungen Frau: »Verstehen Sie, was ich gesagt habe?« – »Ja«, erwiderte sie. »Würden Sie gern im Glauben Ihr Leben Jesus Christus übergeben?« – »Ja«, antwortete die Frau wieder. Also bat der Pastor dort auf dem Platz die Frau, die Worte des Gebetes nachzusprechen, das er vorsagte. Anna bemerkte, wie sie das Gebet übersetzte und es irgendwie auch selbst für sich sprach.

Als das Gespräch zwischen dem Geistlichen und der jungen Frau beendet war, sagte Anna zu ihm: »Würde es Ihnen etwas ausmachen, das Ganze noch einmal zu beten? Ich war so damit beschäftigt zuzuhören, was Sie und die Frau sagten, dass ich mir nicht sicher bin, ob ich den Sinn der Worte wirklich richtig verstanden habe.« Anna und der Geistliche setzten sich dort auf den Platz, und nachdem sie eine Weile miteinander geredet hatten, sprach Anna noch einmal dasselbe Gebet, das sie erst kurz zuvor für jemand anders übersetzt hatte, und diesmal sprach sie es sehr bewusst! Sie freute sich darüber, dass ihre Frage »Gibt es einen Gott?« endlich beantwortet war, und dass sie jetzt sein Kind war.

Als sie gingen, sagte der Pastor, mit dem sie gebetet hatte, dass er ihr gern etwas dafür schenken würde, dass sie ihnen die ganze Woche als Führerin und Übersetzerin behilflich gewesen sei, und er schenkte ihr seine eigene Bibel.

Es war eine russisch-englische Bibel, und während Anna mir die Geschichte jetzt erzählte, legte sie ihre Hände auf die Brust, als hielte sie die Bibel in den Armen, und sagte: »Das war das kostbarste Geschenk, das mir jemals jemand gemacht hat.«

Annas Leben veränderte sich, und sie hatte jetzt etwas ganz Besonderes, das sie Wladimir und den Mädchen mitteilen konnte.

Jesus zu kennen verändert tatsächlich das ganze Leben. Er gibt uns Hoffnung – Hoffnung für dieses Leben und für das künftige. Wir erleben Frieden inmitten von Hektik, Sturm und Verwirrung; er tröstet uns, wenn wir traurig sind; er ist da, wenn wir uns einsam fühlen; er kann unseren Schmerz heilen; er vergibt unsere Sünden; er liebt jeden von uns bedingungslos als sein ganz besonderes Kind.

Wenn Sie wissen wollen, wie Jesus Ihr Leben verändern kann, sollten Sie dasselbe Gebet sprechen, das Anna damals gebetet hat:

> Gott, ich danke dir dafür, dass du mich liebst. Danke, dass du deinen Sohn Jesus Christus gesandt hast, damit er mir den Weg zu dir zeigt. Danke, dass durch seinen Tod am Kreuz die Strafe für meine Sünde bezahlt ist und meine Sünden vergeben sind. Ich bitte dich, komm in mein Leben in der Kraft des Heiligen Geistes und mache mich zu deinem Kind in Ewigkeit. Amen.

Die Bibel ist Sophia und Anna sehr wichtig.

Wenn Sie nicht regelmäßig in der Bibel lesen, warum fangen Sie dann nicht heute damit anF? Vielleicht könnten Sie mit dem Johannesevangelium im Neuen Testament anfangen. Bevor Sie beginnen, bitten Sie Gott, dass er Ihnen hilft zu begreifen, wie Jesus Ihr Leben verändern kann.

Vorschläge fürs Gespräch

1. *Lesen Sie im Matthäusevangelium das Kapitel 1. Was entdeckte Sophia?*

2. *Einer der Abschnitte, die Anna übersetzen musste, war das Gespräch zwischen Jesus und der Frau am Brunnen. Lesen Sie Johannes 4,4-26. Was haben wohl Sophia und Anna an diesem Abschnitt hilfreich gefunden? Inwiefern spricht er auch Sie an?*

5. Ein lebendiger Stein sein

Vor ein paar Jahren waren mein Mann David und ich über Ostern in Jerusalem. Und unser Glaube wurde bereichert, als wir zusammen mit Christen Jesus in dem Land anbeteten, das er so gut kannte.

Wir konnten am Ufer des Sees Genezareth spazieren gehen und biblische Orte wie Nazareth, Kapernaum, Kana und Tiberias besuchen.

Besonders interessierten wir uns für die archäologischen Ausgrabungsstätten, von denen es in diesem Teil der Welt viele gibt. Jahrtausende alte Städte werden da entdeckt, unter staubigen Erdhügeln liegen Steine, die darauf warten, ausgegraben zu werden.

Bei einigen Ausgrabungsstätten bemerkten wir, dass der verantwortliche Archäologe sofort nach dem Fund jeden Stein mit seinem Zeichen versehen hatte. Das Zeichen besagte, dass dieser Stein ihm gehörte. Uns erinnerte das an die Tatsache, dass wir »lebendige Steine« sind mit dem »Siegel des verheißenen Heiligen Geistes« versehen, wie es in Epheser 1,13 heißt. Wenn wir glauben, drückt Gott uns sein Siegel auf als Zeichen, dass wir ihm gehören.

So wie der Archäologe dann mit den Steinen ein Haus oder eine ganze Stadt rekonstruiert, benutzt uns Gott als lebendige Bausteine beim Bau seines Reiches. Es heißt: »Lasst euch auch selbst als lebendige Steine aufbauen, als ein geistliches Haus« (1. Petrus 2,5; Elberfelder Übersetzung).

In den letzten Jahren habe ich so viele dieser »lebendigen Steine« Gottes in den verschiedenen Erdteilen gesehen – starke Frauen, die kraftvoll für das Reich Gottes tätig sind.

Eine von ihnen ist Jessie McFarlane, eine warmherzige, wunderbare Schottin aus Glasgow. Jessies Herz schlägt für ihr Volk, und ihr Gebetsanliegen ist, dass Schottland – und ganz Großbritannien – zu Gott umkehrt und wieder nach den Geboten Gottes lebt.

Vor über zwanzig Jahren bat sie Gott, sie »echt« zu machen und sie in der Arbeit für sein Reich einzusetzen, was auch immer ihre Aufgabe dabei sein mochte.

Gleichzeitig legte Gott anderen Frauen das Anliegen ins Herz, für ihr Land zu beten, und 450 Frauen verbanden sich zu einer nationalen Gebetskette. So wurde die »Telefonische Gebetskette« ins Leben gerufen.

Die Frauen teilten Schottland in verschiedene Regionen auf, die jeweils eine Leiterin hatten, und in den einzelnen Regionen gab es wiederum mehrere Gruppen. Dabei ist jede Frau in eine Telefonkette eingebunden, die jeden Dienstag in Gang gesetzt wird, um nationale Anliegen weiterzugeben. Am Donnerstag werden eher lokal wichtige oder auch persönliche Gebetsanliegen ausgetauscht.

Als Evelyn Christenson Schottland besuchte und über das Thema »Was geschieht, wenn Frauen beten?« sprach, erweiterte sich die Sicht der Frauen auf die ganze Welt. Ein paar Wochen später kam Evelyn noch einmal nach Schottland und sprach diesmal über das Thema: »Was passiert, wenn Gott Gebete erhört?«, und über 1000 Frauen sagten verbindlich ihre Beteiligung an der Gebetskette zu.

Heute gibt es solche Gebetsketten in ganz England, Schottland und Wales.

Genau wie Jessie ein »lebendiger Stein« im geistlichen Haus Gottes ist, sind es Carolyn Hall und Deborah Holt in den USA. Sie arbeiten in einem Team von Christen mitten in Los Angeles. Sie gehören zu einer christlichen Organisation namens »Leuchtturm«, die unter Drogensüchtigen, Obdachlosen und Armen arbeitet. Diese Menschen sind oft unterernährt, haben kaum etwas anzuziehen und, was schlimmer ist; sie haben kaum Hoffnung und sehen keinen Sinn in ihrem Leben.

Während der Unruhen in Los Angeles vor einigen Jahren halfen diese Christen dort Dutzenden von Menschen, von denen inzwischen einige ebenfalls bei »Leuchtturm« aktiv sind. Eine Frau, Mutter von neun Kindern, nutzte die Unruhen aus, um Lebensmittel aus den zusammenbrechenden Regalen eines Supermarktes zu stehlen. Sie hatte deshalb Schuldgefühle, besonders als Leute von der »Leuchtturm«-Gruppe ihr und ihrer Familie so viele Nahrungsmittel anboten, wie sie brauchte, weil sie ihnen durch diese schwere Phase helfen wollten.

Die Frau kam zu den Christen und sagte ihnen, sie wisse, dass sie sich falsch verhalten habe. Die Leute von »Leuchtturm« sprachen mit ihr über die Liebe und Vergebung Gottes. Sie kam immer wieder und brachte auch ihre Kinder mit. In einem Interview einige Monate später sagte sie, dass Gott in ihrem Leben wirke und dass sie mit obdachlosen Menschen im Gespräch sei. »Ich versuche einfach, ihnen zu vermitteln, dass Gott ihnen helfen kann«, und sie fügte noch hinzu: »Ich kann eine ganze Menge Dinge, und nun möchte ich mein Können auch einsetzen ... Es ist so, als ob ich zum ersten Mal richtig lebe!«

Wenn man sich eine Ausgrabungsstätte ansieht, dann sieht man nicht nur die Steine, die bereits ausgegraben wurden, sondern man denkt auch an die, die noch in der Erde liegen und gefunden werden sollen. Als Christen freuen wir uns darüber, dass schon so viele Menschen als »lebendige Steine« ins ewige Reich Gottes eingebaut worden sind. Aber wir sind uns auch darüber im Klaren, dass noch viele ausgegraben werden müssen, damit sie ebenfalls eingebaut werden können. Das drängt uns innerlich, »in alle Welt« zu gehen und dort mit Graben anzufangen!

Es gibt viele Arten zu »graben«, eine davon ist die Rundfunkarbeit.

Manche Teile der Welt gelten für das Evangelium als verschlossen, weil dort offene Evangelisation verboten ist. Christlicher Rundfunk kennt jedoch kaum Grenzen!

In vielen Teilen der Welt wird der Rundfunk genutzt, um die Botschaft des Evangeliums zu den Menschen zu bringen, in deren Nähe es keine Gemeinden gibt, keine Pastoren und manchmal auch keine Bibeln. Jahrelang gehörte Vietnam zu diesen Ländern, die unter dem Kommunismus für das Christentum unerreichbar schienen. Ein kürzlich veröffentlichter Bericht hat offenbart, dass in den vergangenen Jahren über 200 000 Hmong (People) in verschiedenen Teilen Nordasiens Christen geworden sind durch die Arbeit der »Far East Broadcasting Corporation«, eines Radiosenders, der von Manila auf den Philippinen aus sendet.

Die Menschen können nicht lesen und schreiben, und haben deshalb nie Arbeitsmaterialien zur Nacharbeit angefordert, die über den Sender angeboten wurden. Aber sie haben sich in kleinen Gruppen in ihren Häusern getroffen, um über Jesus zu reden und über das zu sprechen, was sie im Radio gehört haben. Die Nachricht über dieses wunderbare Wirken des Geistes Gottes wurde erst entdeckt, als in der »Hanoi Press« ein Artikel darüber erschien, wie beunruhigt die vietnamesische Regierung sei, dass so viele Hmong zum christlichen Glauben kämen!

Die Engel im Himmel haben ihre Freude an den 200 000 »lebendigen Steinen«, die auf so bemerkenswerte Weise in das Reich Gottes eingefügt worden sind.

Die ganze Welt hat betroffen zugesehen, als der Krieg in Bosnien ausbrach, aber wer die Szenen im Fernsehen verfolgt hat, konnte nur erahnen, wie das Leben für die Menschen in den kriegserschütterten Dörfern aussah. Zu diesen Menschen gehörte Elvira. Sie lebte mit ihrer Familie in der Nähe von Bihać und hatte durch den Krieg alles verloren. Drei Jahre lang lebten sie in einem Flüchtlingslager.

Elvira beschreibt eine schreckliche Nacht im ersten Jahr dort, als Bomben und Granaten ganz in der Nähe des Lagers niedergingen. Elvira war im sechsten Monat schwanger, und durch die Wucht der Explosionen erlitt sie eine Frühgeburt. Das Kind lebte nur wenige Augenblicke.

Im zweiten Jahr kam die Familie in ein anderes Flüchtlingslager in Zagreb in Kroatien. In diesem Lager wurden hin und wieder Gottesdienste gehalten, und Elvira, die völlig verzweifelt und hoffnungslos war, nahm hin und wieder daran teil. Der Prediger sprach über Jesus als den einen, der lebendiges Wasser für alle hätte, die geistlich ausgedörrt seien. Elvira sagte: »Ich hatte einen solchen Durst nach diesem Wasser, und während ich zuhörte, strömten mir die Tränen die Wangen herab und wuschen meine Seele. Meine Lasten schienen einfach von mir abzufallen, und ich war von einem wunderbaren Frieden erfüllt.«

Sie sagte, dass sie Frieden hatte, obwohl der Krieg um sie her weitertobte. Sie wusste, dass sie zwar all ihr Hab und Gut verloren, dass sie aber jetzt ein geistliches Zuhause gefunden hatte, das ihr für immer und ewig bleiben würde und das ihr keiner nehmen konnte.

Sie erzählte ihrem Mann von ihrem neuen Glauben. Der Mann war Moslem, und er stellte zu diesem neuen Glauben mehr Fragen, als seine Frau beantworten konnte.

So gingen sie zusammen in eine evangelikale Gemeinde in Zagreb.

Hier wurden sie liebevoll aufgenommen, und bald nahm die gesamte Familie Jesus als Herrn und Erlöser an. Sie sagte: »Wir sind erst ganz am Anfang, und obwohl wir nicht wissen, wie es weitergeht, haben wir keine Angst.«

Aus den staubigen Trümmern einer zerbombten Stadt wurden diese »Steine« ausgegraben und in das Reich Gottes eingebaut.

Ein Flughafen mitten in der Nacht ist nicht unbedingt der Ort, an dem man die Gelegenheit vermuten würde, jemanden ins Reich Gottes zu geleiten! Aber es war genau der Ort, wo Najua, eine brasilianische Christin, zu einer Gruppe von Albanern über Jesus sprechen konnte.

Während Najua am Flughafen von Belgrad auf eine Freundin wartete, die nicht angekommen war, bemerkte sie eine Gruppe von Menschen, die über Nacht auf einen frühen Morgenflug wartete. Jahrelang war das albanische Volk ein Herzensanliegen von ihr, aber weil Albanien für den christlichen Glauben verschlossen war, konnte sie dort nicht arbeiten. Stattdessen war sie ins damalige Jugoslawien gegangen, wo viele Albaner lebten.

Najua plauderte mit der Gruppe am Flughafen und stellte fest, dass es sich um Albaner handelte. Sie erzählte ihnen von Jesus, und nach einer längeren Diskussion sagten drei von ihnen, dass sie Christen werden wollten. Sie betete direkt in der Wartehalle mit ihnen, und seitdem bringt sie diese Menschen jeden Tag im Gebet vor Gott mit der Bitte, dass er sie im Glauben wachsen lässt und dass sie die Gelegenheit haben, mit anderen Menschen in Albanien über Jesus zu sprechen.

Als 1991 die kommunistische Herrschaft in Albanien zusammenbrach, reiste Najua in das Land und begann, in der Hauptstadt Tirana zu missionieren. Heute gehören 200 Mitglieder zu ihrer erst kürzlich gegründeten Gemeinde. Najua berichtet, dass 40 Prozent der Menschen arbeitslos sind, dass nur wenige Zugang zu sauberem Wasser haben und die meisten materiell und auch geistlich in schrecklicher Armut leben. »Aber ich umarme sie zu Jesus hin«, sagt sie mit blitzenden Augen, aus denen ihre Liebe zu den Menschen spricht.

Wir loben Gott für die »Steine«, die er jeden Tag auf der ganzen Welt in sein Reich einbaut, und wir beten zu Gott, dass er uns benutzt, um andere »auszugraben«!

Der Stammtischgast

Montags, 13 Uhr: Es klingelt an der Tür. Unsere älteste Tochter bringt wie üblich drei Jungs aus ihrem Chemie-Leistungskurs zum Essen mit – mein Montags-Stammtisch. Auf dem Küchentisch stehen schon Berge von Spaghetti und duftender Soße bereit. Durch die ganze Oberstufe hindurch kamen sie Woche für Woche.

Einer dieser Jungs hat seine Besuche bald ausgeweitet: Häufig kam er nicht nur montags, sondern auch zwischendurch oder nach der Schule kurz vorbei. Bald freundete ich mich mit ihm an. Wir redeten über Themen von A bis Z.

Eines unserer Kinder bereitete meinem Mann und mir zu der Zeit große Probleme, und auch darüber konnte ich mit dem jungen Mann sprechen. Ich fragte ihn so manches Mal um Rat. Obwohl ich in unseren Gesprächen oft mein christliches Weltbild durchblicken ließ, verstrichen doch knapp sechs Monate, bevor ich diesem jungen Mann zum ersten Mal das Evangelium deutlich erklärte. Während eines langen Telefonats sagte ich zu ihm: »Ich wünschte, du wärst genauso begeistert von Gott, wie ich es bin.« – »Wie kommt das denn?«, wollte er wissen. Und da war er – der richtige Zeitpunkt, ihm von Jesus zu erzählen.

Als ich fertig war, stellte er unter anderem die Frage, ob man es merken würde, wenn man eine solche Entscheidung träfe.

Ich erwiderte: »Oh, jetzt bin ich aber echt enttäuscht! Hast du noch nie meinen Heiligenschein bemerkt?« Er lachte und sagte: »Nein, aber ich habe Sie noch nie nachts gesehen. Vielleicht leuchtet er ja dann!« Und er fuhr fort: »Sie werden sehr überrascht sein, wenn ich Ihnen jetzt etwas erzähle. Schon lange vor diesem Gespräch habe ich mich entschieden, dass ich mit Gott leben will. Ich habe Sie und Ihre Familie seit Monaten beobachtet. Ich fühlte mich angenommen schon das allererste Mal, als ich bei Ihnen war. Sie geben mir ehrliche Antworten auf meine Fragen, und wenn Sie nicht wissen, was Sie antworten sollen, dann geben Sie es offen zu. Ich habe gesehen, wie Sie unter der Problemsituation leiden, aber es hat Sie nicht dazu verleitet, an Gott zu zweifeln.«

Nach einiger Zeit fing er an, uns Christen »die Leuchtenden« zu nennen. »Eure Gesichter sind anders«, sagte er. Er wollte aber absolut nichts mit »organisierter Religion« zu tun haben und lehnte konsequent jede Einladung zum Gottesdienst oder zu einer kirchlichen Veranstaltung ab. Immer wieder kam er aber zu uns nach Hause, und das nicht nur wegen unzähliger Spaghettimahlzeiten und selbst gebackener amerikanischer Brownies.

Diese Freundschaft nahm viel von meiner Zeit in Anspruch, aber ich habe es jedes Mal genossen, wenn er da war. Es war ein großes Vorrecht für mich, wenn er sich mir öffnete und mir von seinen Träumen und Enttäuschungen erzählte. Allmählich lernte ich, meinen Glauben mit seinen Alltagsthemen zu verbinden. Ich stellte mein »frommes Vokabular« ab, da er nichts damit anfangen konnte, und lernte, anders von Gott zu erzählen.

Als er erfuhr, dass wir im Sommer einen Besuch bei unseren Familien in den USA machen wollten, fragte er, ob er mitfliegen könnte, um das Land kennen zu lernen.

Gott hat diese Reise genauestens geplant. Nach langen Gesprächen mit einem Studienkollegen unserer ältesten Tochter, ein paar Gottesdienstbesuchen (wir nannten sie »amerikanische Kultur kennen lernen«) und einem ausführlichen Gespräch mit mir nachts unter freiem Himmel am Lagerfeuer bei einem Familientreffen wurde unser Stammtischgast einer von den »Leuchtenden.«

Vier Jahre hatte ich darauf gewartet und gehofft und dafür gebetet, und danach stellte ich fest, dass alle meine Vorstellungen, wie schön es wäre, sein Gesicht »leuchten« zu sehen, bei weitem übertroffen wurden.

Kürzlich ist eine Freundin von mir gestorben. Es war ein plötzlicher und nach menschlichem Ermessen verfrühter Tod. Sie war einer der wirklich »lebendigen Steine«.

Als ich über ihr Leben und ihren Tod nachdachte, wurde mir klar, dass sie natürlich immer noch ein »lebendiger Stein« ist! Sie ist immer noch ein Teil des Reiches, das Gott baut. Daran ändert der Tod nichts. Sie und ich und Millionen anderer Menschen auf der ganzen Welt sind für immer und ewig Steine im ewigen Reich Gottes.

Wir haben Gott für so vieles zu danken, und es ist ein großes Vorrecht, dass wir als Mitarbeiter Gottes mit ihm zusammen »am Bau« arbeiten dürfen und dabei immer wieder hören dürfen, wie er zu uns sagt: »Du gehörst mir.«

Vorschläge fürs Gespräch

1. *Lesen Sie 1. Petrus 2,1-12.*
   Dort wird Jesus als »lebendiger Stein« bezeichnet und wir Christen als »lebendige Steine«. Was lernen wir aus diesen Versen über die unterschiedlichen Verwendungsweisen der »Steine« in dem »geistlichen Haus«, das Jesus und wir aufbauen?

2. *Lesen Sie Hebräer 3,1-6.*
   Achten Sie auf die unterschiedliche Verwendung des Wortes »Haus«. Inwiefern ist dieses Bild hilfreich? Müssen wir als lebendige Steine vom Baumeister »ein bisschen sauber gemacht werden«? Sprechen Sie darüber, wie Gott das tun könnte.

6. Über Gott staunen

Einige, die dieses Buch irgendwo auf der Welt lesen, machen vielleicht gerade sehr leid- und kummervolle persönliche Erfahrungen: Verfolgung, Hunger, Krieg oder anderes Schwere. Oft wissen wir nicht, was die Zukunft, ja nicht einmal, was das nächste Jahr bringt.

Aber eines wissen wir, dass nämlich dieses Leben Teil einer Reise ist und dass für Christen diese Reise zum ewigen Zuhause führt, wo es kein Leid und keine Schmerzen mehr gibt. Die Reise führt uns über verschiedene Stationen, an denen wir immer wieder Neues erwarten. So ist es dem Volk Gottes schon immer ergangen.

Das Buch Josua erinnert uns daran, wie Josua die Israeliten zu sich rief, als sie einen neuen Abschnitt ihrer Reise begannen. Er bat sie inständig, ihren Blick stets auf die Bundeslade zu richten, die die Gegenwart Gottes auf ihrer Reise symbolisierte. In Kapitel 3, Vers 4 heißt es: »Sie zeigt euch den Weg, den ihr gehen sollt, denn ihr kennt ihn ja noch nicht.« Außerdem drängte er sie, sich vor Beginn der nächsten Reise-Etappe zu »heiligen«, denn »morgen wird der Herr vor euren Augen Wunder tun«.

Dann wies er die Priester an, die Bundeslade zum Jordan zu tragen, in den Jordan zu gehen und dort stehen zu bleiben. Es wird berichtet, dass der Fluss zu der Jahreszeit viel Wasser führte! Was ihnen allerdings nicht klar war: Gott wollte an diesem Tag etwas Erstaunliches tun. Wir nehmen es oft für selbstverständlich, dass Gott Wunder tun kann, erwarten aber trotzdem nicht, dass er sie in unserem Leben oder im Leben derer die uns nahe stehen, vollbringt.

Die Priester taten, was Josua ihnen sagte, auch wenn sie sich gefragt haben müssen, wie sie denn in dem hohen Wasser stehen sollten. Sobald ihre Füße jedoch ins Wasser traten, staute sich der Fluss weiter oben. »So konnte das Volk durch das Flussbett gehen. Vor ihnen lag die Stadt Jericho.«

Gott tut erstaunliche Dinge um uns her. Wenn ich mit Menschen in allen Teilen der Welt rede, dann höre ich davon.

Die fünfundzwanzigjährige Noor erzählte ihrem Vater, dass sie Christin geworden sei. Sie hatte Jesus zu sich reden hören, als sie im Neuen Testament gelesen hatte, und da gab es für sie keinen Zweifel mehr: Sie musste Jesus gehorchen. Ihr Vater war wütend – als Oberhaupt eines der größten Stämme in einem arabischen Land war er »Hüter des (islamischen) Glaubens«, und dieser Gesichtsverlust war einfach zu viel für ihn. Also schlug er seine Tochter, sorgte dafür, dass sein Schwiegersohn sich von ihr scheiden ließ (ein einfaches Verfahren in islamischen Ländern), nahm ihr ihre drei Kinder weg und verstieß sie aus dem Stamm.

Noor ging zu einer Tante und lebte bei ihr, und die Tante wurde nach einiger Zeit ebenfalls Christin.

Drei Jahre später wurde Noors Vater schwer krank, und sie bekam die Erlaubnis, ihn zu besuchen. Er hörte ihr zu, als sie ihm ihren Glauben erklärte, und nahm dann Jesus als seinen Erlöser an. Er sorgte dafür, dass ihre Ehe wieder geschlossen wurde, gab ihr die Kinder und ihre Stammeszugehörigkeit zurück und starb kurze Zeit später.

Noors Mann und ihre Kinder sind alle Christen geworden und sie haben eine geheime Hausgemeinde, zu der über 40 Menschen gehören. Soweit uns bekannt ist, gibt es nur noch zwei weitere Hausgemeinden in diesem sehr streng islamischen Land.

Gott ruft uns auf, dort unseren Glauben zu bezeugen, wo wir gerade sind, auch wenn unsere Möglichkeiten zum Weitersagen des Evangeliums sehr eingeschränkt scheinen. Wir müssen darum beten, dass wir bereit sind, wenn sich auch nur die kleinste Chance bietet, über unseren Glauben an Jesus Christus zu reden und ihn zu erklären. Paulus sagt in Kolosser 4: »Lasst nicht nach im Beten«, für offene Türen für die Botschaft.

»Herr, zeig mir *die eine* Frau, um die ich mich kümmern soll, zu der ich den Kontakt wieder neu aufnehmen soll«, bete ich auf dem Rückweg von einer Willow-Creek-Konferenz. Gottes Liebe ist mir ganz neu vom Kopf ins Herz gerutscht und der gehörte Satz geht mir nach: »Streck deine Hand aus zu *einem* Menschen, das ist für niemanden zuviel – und du weißt nie, was Gott tun will.«

Drei Jahre ist es her, seit ich Schluss gemacht habe mit dem »Miniclub«, der Mutter-Kind-Kreis-Arbeit in unserer Gemeinde. 30 Frauen waren wir, bis auf uns zwei Mitarbeiterinnen alle ohne Beziehung zu Glauben und Gemeinde. Jetzt, nach drei Jahren, frage ich mich: »Herr – wer?« Wer ist auf meiner Wellenlänge? »Silke!«, höre ich es in meinem Herzen sagen – und ich bin gehorsam und rufe an.

Sie freut sich sehr, es ist so, als ob gar nicht drei Jahre zwischen uns liegen – und ich lade sie zum Essen ein.

Nach einem gemütlichen Essen im Restaurant, vielen Erinnerungen an die Miniclub-Zeit und Geschichten über die Kinder erfahre ich, dass ihre Ehe kurz vor dem Aus steht, dass sie am Ende, gesundheitlich angeschlagen und am Ende ihrer Kräfte ist, und dass sie Probleme mit den Kindern ihrer Patchwork-Familie hat. Da kommt anscheinend eine ganze Menge auf mich zu – früher hätte ich mich zurückgezogen. Ist das nicht viel zu schwer für meine Schultern? Jetzt aber, frisch ermutigt durch den Kongress, vertraue ich darauf, dass nicht meine Schultern ihre Probleme tragen müssen, sondern dass Gott stark genug ist. Meine Aufgabe ist es, einfach »nur« dazusein. Wir verabreden uns regelmäßig einmal in der Woche mit unseren Jüngsten zum Frühstück. Nach einiger Zeit frage ich sie, ob sie damit einverstanden ist, dass ich zum Abschluss für sie bete. Sie ist es – und das Gebet wird der regelmäßige Schlusspunkt unserer Treffen.

Ein halbes Jahr später findet in unserer Gemeinde ein besonderer Gottesdienst statt. Vom Team höre ich, dass dieses Mal zu einer Entscheidung für Christus aufgerufen werden soll. Ich überlege und bete lange. Erst am Freitag bin ich mir sicher, nehme allen Mut zusammen – und rufe sie an. Aber ich bin enttäuscht: Sie kann nicht kommen, sondern muss arbeiten. Vage und schon etwas mutlos erwähne ich noch, dass dann ja vielleicht ihr Mann ... Und womit ich nicht gerechnet habe: Ihr Mann kommt! Und der Gottesdienst erreicht sein Herz – seine Situation ist so verzweifelt, hoffnungslos und dunkel, dass er Ja sagt: Gott findet ihn und macht sein Leben neu!

Weitere sechs Monate später. Unser Team hat Silke den Besuch einer Frauentagung geschenkt. Eigentlich muss sie arbeiten, aber sie kommt zu den Zeiten dazu, wo es ihr möglich ist. Nur Samstagabend muss sie weg. Es gefällt ihr gut, sie fühlt sich willkommen und gut aufgenommen. Am Samstagmorgen in der Frühbesprechung sagt die Referentin, sie hätte den Eindruck, dass sie das Thema vom Abend, bei dem sie auch zu einer Hingabe an Jesus auffordern will, schon am Vormittag drannehmen sollte. Für den inhaltlichen Bogen des Wochenendes ist das zwar etwas ungewöhnlich, doch wir als Team ermutigen sie, dem nachzugehen, was Gott ihr deutlich gemacht zu haben scheint. So wird das Programm umgestellt – und als die Referentin am Ende die Frauen bittet, ihren Weg mit Gott neu oder erstmals festzumachen, erheben sich etwa zwanzig Frauen von ihren Plätzen. Wir Mitarbeiterinnen gehen auch mit und beten für sie. Eine ganze Weile stehen wir so, während die anderen singen. Da, ganz am Schluss, ich halte den Atem an: Als Allerletzte steht Silke auf und geht mit langsamen

Schritten nach vorne. Mit Tränen in den Augen liegen wir uns in den Armen.

Am Samstagabend muss sie zur Arbeit ...

Manchmal gibt es solche offenen Türen ganz unerwartet und auf ungewöhnliche Weise.

Ich habe vor kurzem Mary aus China kennen gelernt. Sie ist in Shanghai aufgewachsen, wo ihr Vater eine Bank leitete. Die Familie hatte einen buddhistischen Hintergrund, und die Mutter hatte mehrere Buddha-Figuren im Haus stehen.

Der Vater hatte vier Frauen, und Mary war die Tochter der dritten Frau.

Als Mary mit 14 Jahren sehr krank wurde und ihre Familie Angst hatte, sie könnte sterben, sprach ihr Vater mit einigen Mitarbeitern in seiner Bank über seine Sorge um die Tochter.

Eine seiner Angestellten war eine heimliche Christin, und als sie von Mary hörte, wusste sie, dass sie das Mädchen besuchen und für sie beten sollte.

Sie ging also zum Haus der Familie und bat, Mary besuchen zu dürfen, woraufhin man sie in Marys Zimmer führte. Die Frau fing an, Mary ganz behutsam davon zu erzählen, dass es einen Gott gebe, der sie liebe. Mary wurde sehr böse: Obwohl sie sehr schwach und krank war, forderte sie die Frau auf, sofort zu gehen.

Es vergingen einige Wochen und Marys Zustand verschlechterte sich weiter. Ihre Mutter, die völlig verzweifelt und fest davon überzeugt war, dass Mary im Sterben lag, verbrannte ein Stück Haut von Marys Arm und opferte das verbrannte Fleisch dem Hausbuddha. Sie hoffte, auf diese Weise deutlich machen zu können, wie sehr sie Mary liebte und wie verzweifelt sie sich wünschte, dass ihre Tochter am Leben bleiben möge. Natürlich geschah daraufhin gar nichts, und Mary war wirklich dem Tode nahe.

Man gab ihr noch eine Nacht. Und als diese Nachricht

ihren Vater in der Bank erreichte, beschloss die Angestellte, die Christin war, noch einmal zu Mary zu gehen und mit ihr zu reden.

Wieder wurde sie von einem Dienstmädchen in Marys Zimmer geführt, und Mary, die inzwischen sehr schwach war und nicht mehr sprechen konnte, war nicht in der Lage, die Frau wegzuschicken. Die Frau saß an ihrem Bett und sagte zu ihr: »Jemand liebt dich sehr. Sein Name ist Jesus, und wenn du ihm vertraust und an ihn glaubst, wirst du für immer bei ihm sein, wenn du stirbst.« Dann sagte sie zu Mary: »Ich will dir von Gott und seiner großen Liebe erzählen und von seinem Sohn Jesus, und dann werde ich ein kurzes Gebet sprechen. Wenn du ganz sicher sein willst, dass du nach deinem Tod für immer bei Gott im Himmel sein wirst, brauchst du nur ›Amen‹ zu sagen, wenn ich das Gebet beendet habe.«

Als die Frau Mary von Jesus erzählte und das Gebet gesprochen hatte, sagte Mary ganz schwach und leise: »Amen«.

Als Mary mir ihre Geschichte erzählte, leuchteten ihre Augen an dieser Stelle auf. Sie sagte: »Am nächsten Tag war ich immer noch am Leben und die Woche darauf immer noch und im nächsten Monat auch noch. Mir ging es immer besser.«

Als Mary wieder gesund war, ging sie zu der Christin von der Bank und sprach mit ihr. Sie bekam Kontakt zu einer kleinen Gruppe von Christen, mit denen sie sich hin und wieder traf, und sie fing an, sich im Glauben weiterzuentwickeln.

Es vergingen viele Jahre, und als sie Anfang 20 war, übernahmen die Kommunisten die Macht in China. Christen wurden eingesperrt oder man schickte sie weit weg aufs Land.

Mary war inzwischen Leiterin einer Gruppe von jungen Christen. Sie wurde verhaftet und in ein Arbeitslager gesteckt, wo sie vierzehn Jahre lang blieb. Sie war im Gefängnis, nur weil sie Christin war, und sie erzählte mir, dass sie von den kommunistischen Wachen eine ganz bestimmte Aufgabe bekommen hatte. Sie musste einen ganz kleinen Abschnitt von einem großen Feld pflegen, und diese Aufgabe durfte sie nur nachts verrichten. Für eine junge Frau war das eine sehr einsame und manchmal auch Angst einflößende Strafe. Nacht für Nacht wurde sie nach Einbruch der Dunkelheit hinausgebracht auf ihr kleines Stück Land.

Vierzehn Jahre später wurde sie entlassen und schloss sich einer Hauskirche an. Es war eine sehr kleine Gruppe, wie das bei so vielen Hauskirchen der Fall war, die sich einmal wöchentlich im Haus eines der Mitglieder traf, um dort gemeinsam zu essen, dann zusammen in der Bibel zu lesen und zu beten. Mary wurde Teil einer wachsenden Gruppe von Christen in China, die ihren Glauben behielten und trotz Verfolgung und Unterdrückung versuchten, sich gegenseitig zu stärken und zu ermutigen.

Die Bankangestellte, die zweimal mit Mary gesprochen hatte, hatte die Gelegenheit genutzt, von Gott zu reden, obwohl sie beim ersten Versuch feindselig und mit Verachtung behandelt worden war. Offenbar war ihr Mary aber nicht aus dem Sinn gekommen, so dass sie weiter betete und geduldig auf die nächste Chance wartete.

Manchmal öffnen sich solche Türen ganz unerwartet. Manchmal scheinen sie sich ganz rasch wieder zu schließen, aber wenn wir glauben, beten und ein gutes Gespür haben, gibt Gott oft die gleiche Möglichkeit ein zweites Mal.

Wenn sich aber keine weitere Chance zeigt, mit einem Menschen zu sprechen, können wir immer noch beten, dass Gott jemand anderen an unserer Stelle benutzt, um mit dem betreffenden Menschen über die Liebe Jesu zu reden.

Eine andere junge Frau, die ich kürzlich kennen lernen durfte, ist erst zwanzig Jahre alt und stammt aus der Mongolei. Die

Mongolei ist unter dem Kommunismus lange für das Christentum verschlossen gewesen, und erst seit ganz kurzer Zeit ist das Land für Touristen offen. Jahrelang hatten mongolische Christen keine Kontakte zur Außenwelt, und nur sehr wenige Christen aus der Mongolei waren namentlich bekannt.

Die junge Frau, von der die Rede ist, hat einen langen mongolischen Namen, aber sie bat mich, sie doch Maria zu nennen. Zwei Jahre zuvor hatte Maria eine Frau kennen gelernt, die als Touristin mit einem Visum für einen Monat ins Land gekommen war. Die Frau hatte als Christin bewusst einen kurzen Besuch in der Mongolei geplant und darum gebetet, dass Gott ihr doch die Möglichkeit geben möge, dort mit jemandem über Jesus zu reden. Bevor sie abreiste, war die Frau in eine christliche Buchhandlung gegangen und hatte ein Neues Testament in mongolischer Sprache erstanden. Sie betete um einen Hinweis darauf, wem sie diese Bibel geben sollte, und um das richtige Gespür dafür, wann sie reden sollte, wen sie ansprechen und was sie sagen sollte.

Eines Tages musste sie jemanden nach dem Weg fragen. Sie wandte sich an eine junge Frau. Das war Maria. Sie bot an, ein Stückchen mit der Fremden zu gehen und ihr den Weg zu zeigen. Während sie nebeneinander hergingen, fragte die Touristin Maria, ob sie Jesus kenne. Die junge Frau verneinte zwar, schien aber bereit zuzuhören. Also unterhielten sich die Touristin und Maria, während sie durch die Stadt gingen, und Maria stellte fest, dass ihr Herz durch das berührt wurde, was sie da über Gott hörte. Die Touristin spürte, dass sie hier die richtige Person neben sich hatte, der sie die Bibel geben sollte. Sie überreichte Maria das Neue Testament und sagte ihr, wo sie während ihres Aufenthaltes wohnte. Im Laufe der folgenden zwei oder drei Wochen trafen sich die beiden Frauen mehrmals.

Als Erstes erzählte Maria zwei Freundinnen von der wunderbaren Nachricht, die sie gerade bekommen hatte, dass es nämlich einen Gott gebe, der sie liebe. Die Mädchen fanden diese Neuigkeiten sehr aufregend und nahmen sie voll Freude auf. Die drei jungen Frauen beschlossen nun, sich regelmäßig zu treffen, um die eine Bibel, die sie hatten, gemeinsam zu lesen.

Schon bald luden sie einige ihrer Freundinnen zu diesen Treffen ein, und schließlich trafen sich zwölf junge Frauen bei Maria zu Hause zum Bibellesen. Ihre Bibelkenntnisse nahmen im Laufe der Zeit zu, und Maria wusste, dass es Zeit wurde, eine Gemeinde zu gründen.

Es bestand aber keine Chance, dass sich diese Gemeinde in einem öffentlichen Gebäude würde treffen können, aber sicher konnte sie ein paar Freunde einladen und mit ihnen zu Hause bei einem Essen über die Bibel sprechen. Genau das tat sie, und die Gruppe wuchs auf 18 Teilnehmer. Es waren jedoch nur Frauen, die kamen, und Maria fragte sich, wie sie auch einige der jungen Männer aus ihrem Bekanntenkreis dazu bringen könnte, in ihre Hauskirche zu kommen und da von Jesus zu erfahren.

Sie erzählte ihre Geschichte in ziemlich gebrochenem Englisch, aber ihre Augen strahlten vor Begeisterung für das Evangelium und für die Möglichkeit, das Evangelium anderen weiterzusagen.

Schließlich entschied sie sich zu einem ungewöhnlichen Schritt, um ein paar junge Männer zu den Treffen einzuladen. Sie sagte zu einigen männlichen Bekannten: »Wir haben eine kleine Gemeinde angefangen und lesen in der einen Bibel, die wir haben, und wir haben entdeckt, dass es einen Gott gibt, der uns liebt. Wir möchten gerne anderen Leuten davon erzählen und haben uns gefragt, ob du nicht Lust hättest mitzumachen?« Da ihr klar war, dass die jungen Männer daran wahrscheinlich wenig Interesse haben würden, fügte sie gleich hinzu: »Wir brauchen auch noch ein paar Leute für einen Leitungskreis.«

Sie hatte von der Touristin gehört, dass Gemeinden in Amerika oft einen Ältesten- oder Leitungskreis hatten! Mit einem Augenzwinkern erzählte sie weiter: »Sie nahmen die Einladung jetzt gern und bereitwillig an!« Maria sagte zu ihnen: »Wenn ihr Älteste sein wollt, das heißt Leiter der Gemeinde, zusammen mit einigen Frauen, dann müsst ihr zunächst sechs Wochen lang zu unseren Versammlungen kommen, um etwas über Jesus zu erfahren. Und wenn am Ende dieser Zeit jemand sich entschließt, mit Gott zu leben und ihm nachzufolgen, und wenn er auch anderen dabei helfen will, Jesus zu finden, dann kann er Leiter in unserer Gemeinde werden.« Maria erzählte weiter, dass fünf der eingeladenen jungen Männer jetzt Woche für Woche zu den Versammlungen kamen und den jungen Frauen zuhörten, die ihnen die Bibel erklärten. Sechs Wochen später übergaben drei von ihnen ihr Leben Jesus, und es gab nun sechs Älteste in Marias kleiner Gemeinde, drei junge Männer, Maria und die beiden jungen Frauen, denen Maria als Ersten vom Evangelium erzählt hatte.

Die Christin mit dem Touristenvisum nutzte ihre Chance, Maria anzusprechen. Maria nutzte die Möglichkeit, mit ihren beiden Freundinnen zu reden. Die wiederum erzählten weiteren Freundinnen von Jesus. Dann nutzte Maria die Gelegenheit, die jungen Männer anzusprechen, und so breitete sich das Evangelium in einem Land aus, das unter dem Kommunismus so lange für den christlichen Glauben völlig verschlossen gewesen war.

Weniger erfreulich ist, dass in den vergangenen Monaten in der Mongolei mehrere Leute verhaftet wurden, weil sie Christen sind, und ein junger Mann wurde festgenommen, weil er den Jesus-Film gezeigt hat.

Für viele Menschen ist es gar nicht einfach, Christ zu sein, aber ihre Liebe zu Gott, ihre Begeisterung über die Gute

Nachricht und ihr Wunsch, dass andere sie auch hören mögen, gibt ihnen den Mut, auch angesichts von Widerstand und Verfolgung weiterzumachen. So wunderbar ist Gott am Werk!

Durch den Jesus-Film kann man Menschen mit dem Evangelium erreichen, die an schwer zugänglichen Orten leben.

Ich sprach kürzlich mit einer jungen Frau aus dem Nahen Osten, deren Mutter zum Glauben gekommen war, nachdem sie bei irgendjemandem zu Hause den Jesus-Film gesehen hatte. Sie war schon eine ganze Weile krank und ohne Erfolg bei vielen Ärzten gewesen.

Eines Tages lud eine Christin mehrere Frauen ein, sich bei ihr zu Hause ein Video über das Leben Jesu anzuschauen, und die Tochter der besagten Frau berichtete, wie sie plötzlich bemerkt hätte, dass beim Anschauen des Videos bei ihrer Mutter eine Veränderung vor sich gegangen sei. Die Mutter hatte einen moslemischen Hintergrund und wusste nichts von Jesus und von der heilenden Kraft Gottes, aber während sie sich den Teil des Videos ansah, in dem Jesus Kranke heilte, spürte sie, wie sich Wärme in ihrem ganzen Körper ausbreitete, und sie wusste, dass sie geheilt war. Als alle gegangen waren, blieben Mutter und Tochter noch zurück, um mit der Frau zu reden, die den Film gezeigt hatte. Die Mutter berichtete, was mit ihr passiert war, und die Christin sagte: »Was mit dir passiert ist, ist ein Wunder. Gott hat beschlossen, dich zu heilen!«

Daraufhin fragte die geheilte Frau, ob sie hin und wieder kommen könne, um über den großen Arzt zu sprechen, dessen Kraft sie an diesem Morgen erfahren habe. Sie kam auch weiterhin zu der Christin, und ihr Glaube entwickelte sich. Aber außer ihrer Tochter konnte sie es niemandem weitersagen. In ihrem Land war es zu gefährlich, über den Glauben an Jesus Christus zu sprechen. Sie wusste, dass es sogar schon gefährlich war, auch nur mit ihrem Mann darüber zu reden. In der Stille ihres Hauses sprach sie jedoch mit ihrer Tochter darüber, die auch Christin wurde, und die beiden Frauen konnten sich nun unter vier Augen über ihren Glauben austauschen, während sie immer mehr über Gott erfuhren.

Gott tut überall auf der Welt Wunder, und er begleitet jeden unserer Schritte. Wenn wir die nächste Etappe unserer Lebensreise beginnen, sollten wir daran denken, dass für uns dasselbe gilt wie für die Israeliten: »Ihr kennt den Weg ja noch nicht.« Aber es gilt auch der Vers aus dem alten Choral: »Weiß ich den Weg auch nicht, du weißt ihn wohl.«

Wir sollten unseren Blick also auf Jesus richten und uns ganz auf das einlassen, was vor uns liegt. Gott wird erstaunliche Dinge in unserem Leben und auf der ganzen Welt tun.

Vorschläge fürs Gespräch

1. *Lesen Sie Josua Kapitel 3. Warum sagte Gott, dass er Josua vor den Augen des ganzen Volkes Achtung verschaffen wolle (Vers 7.)? Was kann man daraus lernen?*
2. *Welche Verheißung gab Gott Josua, bevor er ihm die schwierige Aufgabe anvertraute? Sehen Sie in Josua Kapitel 1, Vers 5 nach.*
3. *Was musste Josua zur Vorbereitung tun? Siehe Josua 1,7-9.*
4. *Warum wollte Gott, dass zwölf Steine am anderen Ufer des Flusses aufgehäuft würden? Josua Kapitel 4, Verse 4-7 und 20-24 können hier weiterhelfen. Was können wir daraus lernen?*

7. Sich im Leiden an Gott festhalten

Ich habe vor kurzem gelesen, dass es in den vergangenen 2000 Jahren vierzig Millionen christliche Märtyrer gegeben hat, 60 Prozent davon allein im 20. Jahrhundert! Diese Zahl umfasst sowohl die Einzelnen, die bei der Verbreitung der Guten Nachricht von Einzelnen oder feindlichen Gruppierungen getötet wurden, als auch ganze Dörfer, Stämme und Rassen, die von gegnerischen politischen und religiösen Gruppen ausgelöscht wurden.

Zu den Gruppen, die in den vergangenen zehn Jahren Opfer gezielten Völkermordes geworden sind, gehören die Christen im Südsudan, die vom moslemischen Nordsudan systematisch vernichtet werden.

Im Sudan werden tagtäglich Christen gefoltert, unter anderem durch Kreuzigungen. Das ist auch der Grund, weshalb viele von ihnen versuchen, in Nachbarländer zu fliehen, wo sie jedoch in der Regel ohne Papiere, ohne Geld und auch ohne jegliche Sprachkenntnisse ankommen. Außerdem sind sie bei ihrer Ankunft meist in erbärmlicher gesundheitlicher Verfassung, weil sie mitunter bis zu 1000 Kilometer zu Fuß zurückgelegt haben. Die Flüchtlinge haben wenig Nahrung und Wasser, und viele von ihnen sterben bereits unterwegs.

Viele christliche Familien werden auseinander gerissen, weil moslemische Menschenhändler Frauen und Töchter entführen und verschleppen. Die Frauen werden entweder von ihren Entführern als Nebenfrauen gehalten oder zu horrenden Preisen an ihre Ehemänner zurückverkauft, vorausgesetzt, die Männer haben das Glück, ihre Frauen oder Töchter überhaupt wiederzufinden, und können außerdem noch den geforderten »Kaufpreis« aufbringen. Entführte Kinder werden meistens als Sklaven in Länder des Nahen Ostens verkauft.

Im Jahre 1995 wurde eine junge Christin zusammen mit ihren beiden Töchtern von solchen Händlern aus ihrem Haus verschleppt. Die Frau war 29 Jahre alt, ihre Töchter neun und vier. Die Mutter und die ältere Tochter wurden gezwungen, sieben Tage lang zu laufen, das kleinere Mädchen wurde so fest auf einen Pferderücken gezurrt, dass ihr linkes Bein bis heute gelähmt ist. Bei ihrer Ankunft am Ziel wurden die drei auf ein umzäuntes Stück Land ohne Unterstand gebracht. Der Ehemann der jungen Christin fand seine Familie schließlich, und konnte genug Geld auftreiben, um sie zurückzukaufen. Aber der Sklavenhändler ließ daraufhin nur die Mutter und das kleinere Mädchen frei, die Neunjährige musste als seine Nebenfrau bei ihm bleiben.

Menschen auf der ganzen Welt haben damals für das kleine Mädchen namens Akec gebetet, und erst kürzlich wurde bekannt, dass der Vater mit Hilfe der britischen Regierung noch einmal in den Nordsudan reisen und Akec zurückkaufen konnte, nur wenige Monate, bevor sie dort beschnitten werden sollte. Bei ihrer Freilassung sagte Akec: »Ich musste die niedrigsten Arbeiten tun, und wenn es nicht schnell genug ging mit dem Wasserholen, bekam ich Schläge vom Herrn. Ich wurde von der ganzen Familie geschlagen.« Als Apin Akot seine Tochter wieder in den Armen hielt, sagte er: »Es ist, als ob ich noch einmal geboren würde – als ob Gott mir ein neues Leben geschenkt hätte!«

In Hebräer 13, Vers 3 werden wir eindringlich aufgefordert: »Kümmert euch um alle, die wegen ihres Glaubens gefangen sind. Sorgt für sie wie für euch selbst. Steht den Christen bei, die verhört und misshandelt werden. Leidet mit ihnen, denn es kann euch jederzeit genauso ergehen.«

Es ist bekannt, dass unter dem Kommunismus viele Christen wegen ihres Glaubens getötet wurden, aber erst jetzt gelangen nach und nach die Geschichten darüber an die Öffentlichkeit.

Ich kam vor kurzem mit einem der Leute ins Gespräch, die in verschiedenen Teilen Russlands den Jesus-Film gezeigt haben. Unter anderem war er in Stavapol gewesen, einem der Dörfer, die von Stalin »gesäubert« wurden, und wo damals alle Bibeln beschlagnahmt worden waren. Als das Missionsteam auftauchte und den Film in Stavapol zeigte, war der Vorrat an mitgebrachten Bibeln im Nu erschöpft, weil so viele Menschen gekommen waren, um von Jesus zu hören und den Film zu sehen.

Als einer der Leiter des Teams äußerte, wie schade es sei, dass keine Bibeln mehr zum Verteilen da seien, berichtete ein alter Mann aus dem Dorf, es gäbe Gerüchte, denen zufolge die vor vierzig Jahren unter Stalin konfiszierten Bibeln in ein altes Lagerhaus am Rande des Dorfes gebracht worden seien.

Man machte sich auf die Suche, das Lagerhaus wurde auch tatsächlich gefunden, und die Bibeln waren wirklich noch dort, Hunderte von Exemplaren. Die Menschen fingen an, sie auszupacken und durchzusehen. Ein junger Mann nahm eine Bibel in die Hand und starrte sie zunächst einfach nur an. Dann ging er mit dem Buch ins Freie, setzte sich auf die Erde, presste die Bibel an sich und begann zu weinen. Auf dem ersten Blatt hatte er den Namen seiner Großmutter entdeckt.

Man kann nur Vermutungen darüber anstellen, was mit ihr passierte, als das Dorf von Stalins Truppen durchsucht wurde. Vielleicht wurde sie verhaftet, vielleicht zu einer langen Haftstrafe verurteilt, vielleicht tötete man sie auch einfach. Aber ihr Enkel, für den sie zweifellos gebetet hatte, hielt nun ihre kostbare Bibel in den Händen.

Wenn Sie wirklich ernsthaft für einen Menschen beten, der Ihnen sehr am Herzen liegt, dann lassen Sie sich Mut machen. Vielleicht werden Sie nicht sofort erleben, dass Ihr Gebet erhört wird, aber geben Sie nicht auf, sondern beten Sie weiter, und glauben Sie weiter daran, dass unser Gott Erstaunliches bewirken kann im Leben der Menschen, die wir vor ihn bringen und ihm anvertrauen.

Im vergangenen Jahr habe ich eine Christin aus einem Land im Nahen Osten kennen gelernt, das für christliches Zeugnis und die Mission völlig verschlossen ist. Wenn dort von einem Menschen bekannt wird, dass er Christ ist, wird er eingesperrt oder sogar getötet. Die Frau erzählte mir, dass sie und ihr Mann ein paar Monate lang bei sich zu Hause eine kleine Hausgemeinde gehabt hätten. Einmal wöchentlich waren einige Christen zum Essen, Bibellesen und Gebet zusammengekommen, auch, um sich gegenseitig zu ermutigen.

Eines Tages kam die Polizei und verhaftete die Frau und ihren Mann, und beide landeten im Gefängnis. Ich lernte sie einige Wochen nach ihrer Entlassung kennen. Im Gefängnis waren sie Gegenstand großer Neugier gewesen. Die Mithäftlinge hatten sie gefragt: »Weshalb seid ihr im Gefängnis?«

»Weil wir Christen sind.«

»Warum hat man euch denn deshalb eingesperrt?«

»Weil wir uns mit einer kleinen Gruppe von Freunden getroffen haben, um zusammen in der Bibel zu lesen.«

»Erzählt uns von der Bibel«, baten die Mitgefangenen.

Die Frau berichtete, dass sie und ihr Mann im Gefängnis mehr Möglichkeiten gehabt hätten, über Jesus zu sprechen, als jemals zuvor in Freiheit. Nicht nur die Häftlinge stellten Fragen, sondern auch die Wachen standen in der Nähe der Zelle und hörten alles mit an.

Als das Ehepaar seine Strafe verbüßt hatte und die beiden

gehen durften, baten die Wachen: »Es hat uns so sehr gefallen, Sie hier bei uns zu haben. Bitte kommen Sie doch wieder!«

Mit einem Lächeln bemerkte die Frau jetzt mir gegenüber: »Wahrscheinlich werden wir schon bald wieder dort sein. Wir fangen gerade wieder mit einer kleinen Hausgemeinde an, und wahrscheinlich werden wir deshalb bald wieder verhaftet und ins Gefängnis gebracht. Aber selbst wenn wir nicht wieder eingesperrt werden, sind wir eingeladen worden, wann immer wir wollen, dort Besuche zu machen.«

Mich erinnert der Bericht an die Beschreibung in der Apostelgeschichte (Kapitel 5, Vers 40), wo es heißt: »Man rief die Apostel wieder herein, ließ sie auspeitschen und verbot ihnen noch einmal, von Jesus zu reden. Dann wurden sie freigelassen. Die Apostel aber verließen den Gerichtssaal voller Freude darüber, dass Gott ihnen das Vorrecht gegeben hatte, für Jesus Verachtung und Schmerzen zu ertragen.«

Ich habe ja bereits von Vera aus Russland berichtet, die den Kindern in einem Kinderheim von Jesus erzählt. Unter dem Kommunismus hatte sie wegen ihres Glaubens sehr zu leiden gehabt. Vera wurde jedoch zu einem Technikstudium an der Universität zugelassen, das ihr großen Spaß machte. Sie arbeitete hart, und am Ende des Semesters absolvierte sie alle Prüfungen und wartete dann auf die Ergebnisse.

Die Studenten erfuhren ihre Prüfungsergebnisse so: An einem bestimmten Tag kamen alle zur Universität und stellten sich vor der Verwaltung in einer Schlange auf. Wenn sie an die Reihe kamen, nannten sie ihren Namen und erfuhren im Gegenzug ihr Ergebnis.

Vera war eigentlich sicher, dass sie ganz gut abgeschnitten hatte, war aber an diesem Tag genau wie alle anderen ein bisschen nervös. Als sie an der Reihe war und ihren Namen nannte, bekam sie ein völlig leeres Blatt Papier ausgehändigt.

Weder waren die Fächer aufgeführt, in denen sie Prüfungen abgelegt hatte, noch waren Noten eingetragen. Sie fragte, was das zu bedeuten habe, und erhielt die Antwort, dass sie bei allen Prüfungen durchgefallen sei. Sie wusste, dass das nicht sein konnte, also ging sie zu ihrem Professor und bat um eine Erklärung. Er sagte zu ihr: »Sind Sie nicht Christin?«

»Ja«, antwortete sie.

»Christen bestehen in meinem Kurs nicht«, sagte er mit Nachdruck. »Gehen Sie wieder nach Hause. Ihr Studium ist beendet.«

Vera ging nach Hause. Während der Semesterferien beherrschte sie der Zorn auf diese ungerechte Behandlung immer mehr. Sie beschloss deshalb, im neuen Semester trotz allem zurück an die Universität zu gehen. Auch wenn der Professor sie daran hindern wollte, würde sie trotzdem heimlich die Vorlesungen hören. Es vergingen nur ein paar Wochen, bis jemand ihre Anwesenheit bemerkte.

Der Professor ließ sie holen: »Was machen Sie hier noch?«, fragte er.

»Ich nehme an den Vorlesungen des zweiten Semesters teil«, erwiderte sie.

Der Professor reagierte darauf sehr wütend und forderte sie auf, sofort zu verschwinden und sich nie wieder an der Hochschule blicken zu lassen. »Christen bestehen diesen Kurs nur über meine Leiche!«, bemerkte er noch als Letztes.

Wieder blieb Vera ein paar Wochen lang zu Hause. Aber als die Semesterferien wiederum zu Ende waren, kehrte sie erneut an die Universität zurück.

Bei ihrer Ankunft dort fielen ihr überall Grüppchen von Studenten auf, in denen aufgeregt getuschelt wurde, so dass sie schließlich in einer Gruppe nachfragte, was denn los sei.

Ein Student antwortete: »Hast du es denn nicht gehört? Der Professor für Technik ist in den Ferien ertrunken.«

Vera war von der Nachricht wie vom Donner gerührt und suchte einige Tage später den Mann auf, der zum Nachfolger des verstorbenen Professors ernannt worden war. Sie erklärte ihm, was vorgefallen war, woraufhin der neue Professor versprach, sich um die Angelegenheit zu kümmern. Drei Wochen später wurde Vera wieder zum Studium zugelassen und bekam ihre Prüfungsergebnisse vom ersten Studienjahr sowie die Genehmigung, ihr Studium im zweiten Jahr fortzusetzen. Gott tut in unserem Leben manchmal auf geheimnisvolle Weise Wunder.

Romulo habe ich im Juni 1992 bei der Konferenz für Weltevangelisation in Manila auf den Philippinen kennen gelernt. Ihm wurde dort der »Religious Freedom Award« verliehen, eine Auszeichnung der amerikanischen Bürgerrechtsbewegung »Freedom House«. Freedom House verleiht die Auszeichnung jährlich an Personen oder Gruppen, die für freie Religionsausübung in repressiven Staaten kämpfen. Romulo erhielt den Preis für seine »beharrlichen und mutigen Bemühungen bei der Verkündigung und für seine Standhaftigkeit als Zeuge Jesu Christi auch unter Verfolgung und Terror«.

Ich saß bei einer Mahlzeit neben Romulo und plauderte mit ihm über seine Familie. Ihm lag sehr daran, mir von seiner Mutter zu erzählen, die großen Einfluss auf ihn gehabt hatte. Sie war eine Ketschua-Indianerin und damit Nachfahrin der berühmten Inkas. Als Romulo etwa vier Jahre alt war, hörte seine Mutter von Jesus Christus. Sie erzählte ihrem Mann davon, der aber nur über sie lachte und ihr danach jahrelang das Leben sehr schwer machte. Weil es keine weiteren Christen in dem Dorf gab, hatte Romulos Mutter niemanden, mit dem sie über ihren Glauben reden konnte. Sieben Jahre lang bat sie Gott, sie morgens um vier Uhr zu wecken, damit sie für ihren Mann beten konnte, bevor sie mit ihren täglichen Pflichten begann.

Nach sieben Jahren wurde ihr Mann wegen eines kleinen Diebstahls verhaftet und ins Gefängnis in der Stadt gebracht. Sie fragte sich, wie Gott denn jetzt noch ihr Gebet erhören wollte. Doch während seiner Haft wurde der Mann von einem Gefängnismitarbeiter besucht, der Christ war, und als seine Haftzeit zu Ende war, war Romulos Vater ein überzeugter Christ und wurde später Prediger in seinem Dorf.

Doch noch vorher suchte ein Wandermissionar den Häuptling des Dorfes – das war Romulos Großvater – auf und bat darum, den Dorfbewohnern die Gute Nachricht von Jesus Christus weitersagen zu dürfen. Der Häuptling antwortete: »Wenn ich deine Bitte erfüllen soll, muss ich erst einmal selbst hören, was du zu sagen hast.« Der Missionar begann zu erzählen, und der Häuptling übergab sein Leben Jesus. Als danach der Missionar dem gesamten Dorf das Evangelium weitersagte, kamen alle Bewohner zum Glauben an Jesus Christus. Heute, vierzig Jahre später, sind 90 Prozent der Dorfbevölkerung Christen.

Romulo berichtete mir, dass seine Mutter Analphabetin gewesen sei, dass sie aber nach ihrer Bekehrung den innigen Wunsch gehabt habe, in der Bibel zu lesen. Es gab jedoch noch keine Bibel in ihrer eigenen Sprache, und sie musste sich mit der Inka-Bibel behelfen. Sie ging zu jedem, der lesen konnte, und bat, ihr doch vorzulesen. Als der vierjährige Junge sah, wie seine Mutter sich abmühte, die Inka-Bibel mit den für sie fremden Schriftzeichen zu lesen, beschloss er, die Bibel in Ketschua zu übersetzen, wenn er groß war. Seine Mutter sollte die Bibel in ihrer eigenen Sprache lesen können. – Im Jahre 1991 beendete er seine Arbeit an der Übersetzung, die dann Anfang 1992 erschien.

1989 wurde Romulos Großvater mütterlicherseits von Terroristen der Gruppe »Leuchtender Pfad« umgebracht. Sie schnitten ihm die Kehle durch, weil er auch nach wiederholten Drohungen weiter das Wort Gottes gepredigt hatte.

Während unseres Gesprächs zeigte Romulo mir einige wunderschöne handgewebte Beutel, wie sie seine Mutter jahrelang hergestellt und an Touristen verkauft hatte, um Romulo bei seiner Arbeit an der Bibelübersetzung zu unterstützen.

Ich fragte, ob ich einen davon kaufen könne, und der Beutel, den ich dann erstand, gehört heute mit zu meinen kostbarsten Besitztümern.

Romulo erzählte mir: »Ich habe vor, bald nach Chacicpampa zu gehen. Das ist das Dorf meines Großvaters, und ich möchte endlich sein Grab besuchen.«

Im September des Jahres, drei Monate nach unserer Begegnung, hörte ich, dass Romulo tatsächlich in das Dorf gegangen war, wo ihn die Terroristen vom »Leuchtenden Pfad« bereits erwarteten und umbrachten.

Ich frage mich, wie seine Mutter sich wohl fühlte. Ob ihr die Worte aus 1. Petrus 4,12-13 wohl ein Trost sind: »Meine lieben Freunde! Wundert euch nicht über die heftigen Anfeindungen, die ihr jetzt erfahrt. Sie sollen euren Glauben prüfen und festigen. Denkt nur nicht, dass solche Angriffe etwas Außergewöhnliches sind; sie gehören zum Christsein. Freut euch vielmehr darüber, dass ihr um Christi willen leidet; dann werdet ihr auch jubeln und euch mit ihm freuen, wenn er in all seiner Herrlichkeit wiederkommt.« Und in Vers 16 heißt es weiter: »Wer dagegen leidet, weil er ein Christ ist, der braucht sich nicht zu schämen. Er soll Gott dafür danken, dass er zu Christus gehört.«

Wie Romulos Familie müssen zwei Millionen Christen auf der Erde ständig um ihr Leben fürchten. Damit sind die Christen die am heftigsten verfolgte Gruppe der Welt.

Wir dürfen mit unserer Freiheit nicht leichtfertig umgehen und auch nicht vergessen für diejenigen zu beten, die gar nicht wissen, was Freiheit ist. Die Offenbarung zeichnet in ihrem 7. Kapitel eine großartige Vision vom Reich Gottes:

»Jetzt sah ich eine Menschenmenge, so unübersehbar groß, dass niemand sie zählen konnte. Die Menschen kamen aus allen Nationen, Stämmen und Völkern; alle Sprachen der Welt waren zu hören. Sie standen vor dem Thron und vor dem Lamm. Als Zeichen ihres Sieges hatten sie weiße Gewänder an ... Da fragte mich einer von den Ältesten: ›Weißt du, wer diese Menschen mit den weißen Kleidern sind und wo sie herkommen? Sie kommen aus Verfolgung, Leid und Bedrängnis. Im Blut des Lammes haben sie ihre Kleider reingewaschen ... Sie werden nie wieder Hunger oder Durst leiden; keine Sonnenglut oder sonst etwas wird sie jemals wieder quälen. Denn das Lamm, das vor dem Thron steht, wird ihr Hirte sein. Er wird sie zu den Quellen führen, aus denen das Wasser des Lebens entspringt. Und Gott wird ihnen alle Tränen von ihren Augen abwischen.‹«

Vorschläge fürs Gespräch

Welche Art der Verfolgung könnten wir erleiden, wenn wir Jesus nachfolgen?

1. *Was kann uns ermutigen? Lesen Sie 2. Korinther 4,13-18.*
2. *Wie reagierte Petrus darauf, als er verfolgt wurde, weil er über Jesus sprach? Lesen Sie Apostelgeschichte 5,40-42.*
3. *Warum fordert Petrus in 1. Petrus 4,12-19 diejenigen, die verfolgt werden, auf, sich zu freuen?*
4. *Sprechen Sie über Möglichkeiten, wie man der verfolgten Gemeinde helfen könnte.*

8. Gelegenheiten beim Schopf ergreifen

Der Apostel Paulus hat mehrere Jahre seines Lebens hinter Gittern verbracht. Aus dem Gefängnis hat er auch viele seiner Briefe geschrieben. Auch sein Schreiben an die Kolosser gehört dazu, in dem er die Christen in dieser Stadt auffordert: »Denkt daran, dass euch nicht mehr viel Zeit bleibt« (Kolosser 4,5).

Zwei Verse vorher bittet er die Gläubigen in Kolossä, für ihn zu beten. Aber nicht für seine Freilassung sollen sie beten – was doch eigentlich eine ganz natürliche Bitte wäre –, sondern dafür, dass sich während seines Gefängnisaufenthaltes eine Tür für das Evangelium öffnet. Im Philipperbrief erfahren wir in Kapitel 1, dass Paulus jede Gelegenheit nutzte, um das Evangelium weiterzugeben, und dass wegen seines Gefängnisaufenthaltes alle Gefängniswachen von Jesus erfuhren.

Im Kolosserbrief bittet er außerdem seine Brüder und Schwestern, sich klug und besonnen gegenüber Menschen zu verhalten, die Jesus Christus noch nicht kannten, und ihnen von der Wahrheit zu erzählen. Für Paulus war die Zeit im Gefängnis nicht vertan, sondern voller neuer Chancen, Menschen von Jesus zu erzählen.

Es gibt Zeiten im Leben, in denen man sich »eingesperrt« fühlt, auch ohne im Gefängnis zu sein. Eingesperrt durch das Alter oder durch gesundheitliche Probleme, durch geographische Isolation oder fehlende Ausbildung. Oder einfach deshalb, weil man nicht mehr die Möglichkeit hat, Dinge für den Herrn zu tun, die man früher tun konnte.

Die oben zitierten Worte von Paulus an die Kolosser können uns ganz neu daran erinnern, dass Gott uns genau an der Stelle gebrauchen kann und will, wo wir uns gerade befinden. Wir brauchen nichts zu tun als zu beten, dankbar und wachsam zu sein und die Chancen zu nutzen, die sich uns dort bieten, wo wir gerade sind.

Meine Mutter war eine begabte Rednerin. Als Kinder durften meine Schwester und ich sie oft begleiten, wenn sie in Gemeinden ging, um dort in Frauengruppen Vorträge zu halten. Wir beobachteten sie bei ihrer sorgfältigen Vorbereitung und beim Gebet und hörten dann ihren Vorträgen zu, die biblisch fundiert waren und durch Beispiele und Geschichten für die Zuhörerinnen anschaulich wurden. Wir erlebten mit, wie die Menschen auf ihre Botschaft reagierten und ihr Leben Jesus übergaben.

Als meine Mutter dann älter wurde, konnte sie nicht mehr so viele Vorträge halten, und meine Schwester und ich übernahmen diese Aufgabe. In ihren letzten Lebensjahren bat uns meine Mutter: »Gebt mir doch jede Woche eine Liste mit euren Terminen und den Themen eurer Vorträge. Ich werde dann für euch beten.« Ein paar Jahre lang haben wir das auch getan und fühlten uns immer gestärkt, weil wir wussten, dass unsere Mutter in der konkreten Situation für uns betete.

In den letzten ein, zwei Jahren ihres Lebens sagte sie uns dann, dass sie sich die Informationen, die wir ihr gaben, nicht mehr so gut merken könne wie früher, und es fiel ihr auch nicht mehr so leicht, die Listen zu lesen, die wir ihr schrieben, aber sie sagte: »Auch wenn ich nicht mehr all die Einzelheiten lesen kann, weiß der Herr jeden Tag, wo ihr seid und was ihr braucht. Ich werde weiter jeden Tag für euch beten, und ich werde sagen: ›Robyn, Herr, Robyn‹ und ›Marlene, Herr, Marlene‹, und Gott wird bei euch sein.«

Gibt es Menschen, für die Sie jeden Tag beten könnten – manchmal sehr ausführlich und manchmal, indem Sie einfach nur den betreffenden Namen vor Gott bringen? Diese Möglichkeit haben wir alle, egal, wie alt oder krank wir sind oder in welchen Lebensumständen wir uns gerade befinden. Das Gebet ist ein großartiger Dienst.

In Nepal haben mein Mann David und ich einen jungen Christen kennen gelernt. Im hinduistischen Königreich Nepal verstößt es gegen das Gesetz, öffentlich über Jesus zu sprechen. Wer es trotzdem tut, kommt ins Gefängnis. Wir trafen den jungen Mann kurz nach seiner Haftentlassung und fragten ihn, wie er seinen Lebensunterhalt bestreite. Er erklärte: »Ich erzähle den Menschen von Jesus, und dann komme ich ins Gefängnis!« Er erzählte uns, er sei wegen seiner Evangelisationstätigkeit schon zweimal im Gefängnis gewesen. Sobald er wieder frei sei, reise er so schnell er könne in einen anderen Teil des Landes, erzähle dort wieder den Menschen von Jesus, und wenn er dann wieder verhaftet werde, komme er in ein Gefängnis, in dem er zuvor noch nicht gewesen sei. Er sagte: »Es gibt überall im Lande Menschen, die aus den unterschiedlichsten Gründen im Gefängnis sitzen. Gerade im Gefängnis sind die Menschen offen, wenn jemand ihnen von Gott erzählt, der sie liebt und der seinen Sohn gesandt hat, um ihnen den Weg zu sich selbst zu zeigen.«

Das war also eine Möglichkeit, die dem jungen Mann offen stand, und die er nutzte.

Manche Chancen eröffnen sich nur für ganz kurze Zeit. Und wenn sie nicht ergriffen werden, können sie unwiderruflich und für immer vertan sein.

Als ich in Russland war, wurde ich dort von den Christen vor Ort ganz neu ermutigt, die sich immer wieder mit viel Phantasie Möglichkeiten einfallen ließen, wie sie den Menschen das Evangelium weitersagen konnten. So lange waren christliche Leiter verfolgt worden, waren Gemeinden geschlossen und Bibeln konfisziert worden, aber jetzt gab es wieder Freiheit.

Als ich dort war, standen die Menschen in Moskau immer noch nach allen möglichen Waren in langen Schlangen an. Hauptsächlich ältere Frauen reihten sich oft täglich und stundenlang in die wartende Menge ein, um ihre Familien mit Lebensmitteln zu versorgen.

Einige Christen beschlossen, diese Chance des Schlangestehens zu nutzen, sammelten so viele russische Bibeln, Kinderbibeln, Traktate und Auszüge aus den Evangelien wie möglich und luden sie auf die Ladefläche eines Kleinlasters. Außerdem fertigten sie aus Pappresten eine Ausleihkartei an. Mit dem Lastwagen fuhren sie dann die Einkaufsstraßen der Stadt ab, wo es besonders viele Schlangen gab, und fingen an, Bibeln zu verteilen. Die meisten Menschen nahmen gern eine. Manche waren neugierig auf ein Buch, das so lange verboten gewesen war. Andere freuten sich offensichtlich sehr, wieder das Buch in den Händen zu haben, das ihnen einmal viel bedeutet hatte, ihnen dann aber weggenommen worden war.

Wenn die Leute dann an der Reihe waren mit dem Einkaufen – was manchmal eine Stunde oder noch länger dauern konnte –, kamen die Christen zu ihnen und fragten: »Möchten Sie das Buch, das Sie gerade lesen, gern ausleihen?« Normalerweise wurde das bejaht, es wurden Name und Adresse der betreffenden Person notiert, und man sagte ihnen, der Lastwagen komme täglich, und man könne die ausgeliehenen Bücher und Schriften in etwa einer Woche wieder abgeben.

Russen geben, genau wie Menschen auf der ganzen Welt, geliehene Bücher nicht immer pünktlich wieder zurück. Wenn Bücher also nicht zurückgegeben wurden, gingen die Christen zu zweit zu den Adressen, die die Leute angegeben hatten, um zu fragen, ob sie die Leihfrist für die Bücher gern verlängern würden. Im Allgemeinen wurde auch diese Frage bejaht. Dann fragten die Christen, ob sie hereinkommen und noch einmal genauer erklären sollten, was in den Büchern stand.

Es handelte sich hier um eine ganz wunderbare und sehr natürliche Gelegenheit, das Evangelium von Jesus Christus Leuten weiterzusagen, die oft völlig offen dafür waren, Jesus als Herrn anzunehmen, weil sie so lange geistlich Hunger gelitten hatten.

Die Gelegenheit, die hier von Christen genutzt wurde, bestand aber nur relativ kurze Zeit. Nach zwei Jahren wurden die Schlangen vor den Geschäften immer kürzer, weil das Warenangebot inzwischen reichlicher war, und obwohl die Menschen immer noch so arm waren, dass sie nur wenig kaufen konnten, war es mit dem Anstehen vorbei und somit auch mit dieser speziellen Evangelisationsmöglichkeit.

Gibt es kreative Möglichkeiten, die man im eigenen Wohnort nutzen könnte, um die Gute Nachricht weiterzusagen? Fragen Sie Gott, wie Sie am besten als seine Zeugin auftreten und wirken können.

Vor ein paar Jahren habe ich vor Oberstufenschülern einen Vortrag darüber gehalten, wie wichtig es ist, die Chancen, die sich einem tagtäglich bieten, beim Schopf zu packen. Während des Vortrags warf ich ohne Vorwarnung einen Tischtennisball vom Podium aus ins Publikum. Die Schüler duckten sich alle, und keiner fing den Ball auf. Ich sagte ihnen, dass ich noch einen weiteren Ball hätte, den ich ebenfalls auch irgendwann werfen würde. Diesmal waren sie alle bereit! Sie setzten sich aufrecht hin, fixierten mich, hielten ihre Hände bereit und warteten auf den Ball. Diesmal fing ihn natürlich jemand!

Wenn die Gelegenheiten und Chancen sich uns vorher ankündigen würden, wären wir bereit und aufmerksam. Aber das ist eben meist nicht der Fall. In aller Regel sind weder Datum noch Uhrzeit solcher Chancen bekannt. Sie kommen und sind dann ganz einfach da. Manchmal verpassen wir sie, weil wir nicht darauf vorbereitet sind, manchmal meiden wir sie auch, weil wir nicht wissen, was wir mit ihnen anfangen sollen.

»Wir trafen uns beim Schultütenbasteln im Kindergarten. Ihr jüngstes und mein ältestes Kind sollten im Herbst eingeschult werden. Wir waren Mütter in den schönsten Jahren, und wir verstanden uns auf Anhieb gut. Sie war sportlich durchtrainiert und schlank, ich dagegen trug noch die Reste meiner jüngsten Schwangerschaft spazieren. Kein Wunder also, dass sie genau »mein Typ« war, oder? Während wir die Papiertüten unseres Nachwuchses mit Schleifchen und Bändchen verzierten und nebenbei die ungeduldigen Fragen der Jugend von morgen beantworteten, kamen wir ins Gespräch. Wir plauderten über Kinderkram und Schwiegermütter, über Fensterputzen und Sparbücher. Ich glaube, es gab fast kein Thema, das wir nicht irgendwie streiften. Doch sie erzählte mir auch von ihrer Freude am Sport, an der Natur und an Tieren und darüber, wie gerne sie spazieren gehe. Das traf sich gut, denn wir hatten den Hund, den sie sich wünschte, und so verabredeten wir uns zum Hundespaziergang: »Gleich morgen Abend, wenn die Kinder im Bett sind.«

Rita war eine kluge und sehr sensible Frau. Ihr Leben war nicht immer leicht gewesen, das hatte sie vorsichtig und verletzlich werden lassen. Sie hatte viele Fragen an das Leben, über die wir uns bei unseren fast regelmäßig gewordenen Spaziergängen austauschten. So ab und zu erzählte ich ihr von meiner Beziehung zu Gott. Doch obwohl sie immer aufmerksam zuhörte, kam wenig Resonanz zurück. Irgendwie konnte sie den Bezug von meinem Christsein zu ihrem Leben nicht herstellen. Sie war eher traditionell geprägt. Die persönliche Beziehung zu Jesus Christus passte nicht in ihr Gottesbild.

Trotzdem wurden wir im Verlauf des Sommers richtig gute Freundinnen. Ich meldete mich sogar für einen Gymnastikkurs bei der Volkshochschule an, um mehr Zeit mit ihr verbringen zu können. Doch dazu kam es leider nicht.

Meine neu gewonnene Freundin wurde ganz plötzlich mit hohem Fieber und starken Schmerzen in die Uni-Klinik eingeliefert. Nach einer Woche großer Sorge um ihren sich ständig verschlechternden Gesundheitszustand stand dann endlich fest: Hirnhautentzündung nach Zeckenbiss.

Nun hatte ich ganz plötzlich Gelegenheit, mein Christsein sehr praktisch werden zu lassen. Ich brachte ihrer Familie ab und zu ein warmes Mittagessen vorbei, lud ihre Kinder zum Spielen ein und besuchte sie regelmäßig in der Klinik. Das alles tat ihr unendlich gut. Aber auch mir wurde klar, dass Gott gerade dabei war, meine Gebete für Rita und ihre Familie zu beantworten. Meine persönliche Beziehung zu Jesus wurde durch unsere Freundschaft in dieser Krisensituation sehr konkret für sie erfahrbar.

Das gab mir Mut, ihr bei meinen Besuchen aus den Psalmen vorzulesen.

Mit jedem Tag, an dem es ihr wieder besser ging, wurde sie dankbarer für ihre neu geschenkte Gesundheit. Am Ende ihres Krankenhausaufenthaltes erzählte sie mir sehr glücklich, wie sie in der vergangenen Nacht Jesus Christus ihr Leben anvertraut hatte.

Doch auch wenn dies ein schönes Ende für diese Geschichte wäre, so ist es noch nicht alles, was Gott für meine Freundin getan hat.

Nachdem Rita wieder ganz gesund war, kam sie regelmäßig zum Frauentreff unserer Gemeinde. Beim Austausch über Gottes Gedanken zu Ehe und Familie lernte sie, wie sie mit Gottes Hilfe eine glücklichere Ehefrau und Mutter werden könnte.

Ein Jahr später wurde auch ihr Mann Christ. Ritas Vorbild hatte ihn gewonnen. Heute erzählt die ganze Familie davon, wie Jesus ihr Leben reich gemacht hat.

Gott ist groß, nicht wahr?

Vor einigen Jahren lernten David und ich in einem streng islamischen Land einen jungen Mann kennen. Wir fragten ihn, der als Moslem aufgewachsen war, wie er denn Christ geworden sei, und er erzählte uns, dass er einige Monate vor seiner Bekehrung einen sehr lebhaften Traum gehabt hatte. Er träumte, dass er in seiner Heimatstadt an einer Straßenecke stand, wo ein Unbekannter auf ihn zukam. Beim Aufwachen war der Traum noch so klar und gegenwärtig, und die Straßen und das Gesicht des Mannes hatten sich ihm so deutlich eingeprägt, dass er den inneren Drang verspürte, zu der besagten Straßenecke zu gehen und sich dort hinzustellen.

Er fuhr zwei Stunden mit dem Bus dorthin und kam sich selbst ziemlich töricht dabei vor, einfach so an einer Ecke dazustehen und nichts zu tun. Doch als er eine Weile so dagestanden und gewartet hatte, sah er, wie ein Mann auf ihn zukam, der genauso aussah wie der Mann in seinem Traum, aber er hatte keine Ahnung, wer dieser Mann war.

Deshalb ging er auf den Fremden zu und sagte: »Entschuldigen Sie, aber ich hatte letzte Nacht einen Traum, in dem ich gesehen habe, wie Sie genau an dieser Straßenecke hier auf mich zugingen.«

»Also, junger Mann«, erwiderte der Fremde, »ich bin der Bischof der christlichen Gemeinde. Ich glaube, dass Gott Sie zu mir geschickt hat, damit ich Ihnen sagen kann, wie sehr er Sie liebt. Lassen Sie uns irgendwo hingehen, wo wir reden können.«

Der junge Mann berichtete weiter, dass sein Herz schneller schlug, als er hörte, wie sehr Gott ihn liebte und dass Jesus auf die Welt gekommen war, um ihm seine Sünden zu vergeben und ihm einen Platz bei sich in der Ewigkeit zu bereiten. Der junge Mann entschloss sich daraufhin bereitwillig, von Stund an mit Jesus zu leben.

Als der Bischof sich an diesem Tag auf den Weg in die Stadt gemacht hatte, hatte er keine Ahnung, dass Gott ihm eine so wunderbare und unerwartete Chance schenken würde. Aber als die Gelegenheit eintrat, ergriff er sie sofort beim Schopf.

Die meisten Chancen kommen ganz unerwartet, und wie Paulus im Kolosserbrief Kapitel 4, Vers 6 sagt, sollen wir bereit und aufmerksam sein, »dann werdet ihr schon für jeden die richtigen Worte finden«.

Vor drei Jahren war mein Enkel Andrew vier Jahre alt. Seit etwa einem Jahr ging er schon in die Sonntagsschule, und drei Tage in der Woche besuchte er eine christliche Vorschule. Im Dezember machte ich zusammen mit meiner Tochter Kim, Andrew und seiner einjährigen Schwester Georgia einen Einkaufsbummel in einem großen Einkaufszentrum.

Als wir in einem Café saßen und uns mit Cappuccino und Milchshakes stärkten, zog der Nikolaus, ganz in Weiß und Rot gekleidet, durch das Einkaufszentrum und lud die Kinder ein, zu ihm zu kommen. Als er unsere beiden sah, rief er ihnen zu: »Wenn ihr nachher zu mir kommt, habe ich ein Geschenk für euch.«

Sie können sich wahrscheinlich vorstellen, welche Folgen diese Aufforderung hatte! Andrew war sehr ungeduldig und hatte es schrecklich eilig, zu dem Nikolaus zu kommen.

Etwas zögerlich gaben wir nach und schlenderten los auf der Suche nach dem Standort des Nikolaus. Wir fanden ihn schon bald in voller Montur, mit Schlitten, Rentier und allem Drum und Dran, und Andrew reihte sich in die wartende Schlange von Kindern ein.

Als er schließlich an der Reihe war, setzte er sich beim Nikolaus auf den Schoß, und Kim und ich (und auch Georgia, die glücklicherweise nichts von dieser seltsamen Person wissen wollte) standen ein wenig abseits und hörten zu.

Der Nikolaus fragte Andrew, ob er schon in die Vorschule gehe, ob er gern spiele und ob er auch ein Lied kenne. Als Andrew antwortete, ja, er kenne viele Lieder, bat der Nikolaus ihn, doch eines vorzusingen. Sofort und ohne zu zögern sang Andrew: »Ich bin der Weg, die Wahrheit und das Leben – das hat Jesus gesagt.« Die Melodie klang ein wenig schräg, aber der Text war deutlich zu verstehen.

Wie versprochen hatte der Nikolaus auch ein Geschenk für Andrew, eine kleine Wasserpistole aus Plastik, die schon nach ein paar Tagen kaputt war. Was der Nikolaus aber wahrscheinlich gar nicht bemerkte, war, dass Andrew auch etwas für ihn hatte, nämlich die Gute Nachricht von Gott, die eigentliche Weihnachtsbotschaft, die ewig Gültigkeit hat.

Manchmal kommen Chancen ganz unerwartet – selbst für die ganz Kleinen –, und wir müssen so nah bei Gott sein, dass wir die Chance für ihn ergreifen können.

Vorschläge fürs Gespräch

Schlagen Sie Kolosser 4,2-6 auf.

1. *Paulus weist darauf hin, dass es beim Beten wichtig ist, Gott zu danken. Wir sind oft erst dann dankbar, wenn Gott das Gebet erhört hat!*
   Was können wir hier über Vertrauen zu Gott lernen?
2. *Was ist das »Geheimnis«, von dem Paulus in Kolosser 1,26-27 sagt, dass es verkündet werden soll?*
3. *Wer sind die »Außenstehenden«, von denen in Vers 5 die Rede ist? Wie kann man mit ihnen »klug und besonnen« umgehen?*

9. Gottes Wort ehren

Auf einer meiner Reisen nach Moskau nahm ich zwanzig russische Bibeln und viele Bibelauszüge mit, in der Hoffnung, sie dort verteilen oder verschenken zu können. Mir war dabei gar nicht klar, wie einfach das sein würde!

Ich gab sie Taxifahrern, Blumenverkäufern, Menschen in Kunstgalerien und Frauen, die vor ihren Häusern Gemüse verkauften. Niemand lehnte mein Angebot ab, und viele Menschen hielten die Bibel ganz fest an sich gedrückt wie eine große Kostbarkeit.

Auch am Sonntagmorgen beim Gottesdienst fiel mir auf, dass die Menschen, die eine Bibel besaßen, diese auf eine Art festhielten, wie ich es sonst noch nirgends gesehen hatte. Erst seit kurzem war es wieder möglich, Bibeln ins Land hineinzubekommen, und viele Leute hielten zum ersten Mal seit über vierzig Jahren wieder eine Bibel in der Hand.

Unter dem Kommunismus, als viele Bibeln konfisziert oder vernichtet wurden, rissen die Christen, die noch ein Exemplar besaßen, oft einzelne Seiten heraus. So konnte jeder aus den kleinen Hauskreisen, die sich einmal pro Woche zum Essen, Bibellesen und Beten trafen, bei jedem Zusammenkommen eine neue Seite bekommen.

Jeweils eine Woche lang lasen sie dann ihre eine Seite immer und immer wieder, um sich beim nächsten Treffen über den Inhalt ihrer Seiten auszutauschen und sie gegen eine neue einzutauschen. Manchmal entstand auch etwas Durcheinander, weil die Einzelnen ihre Seiten nicht immer in der richtigen Reihenfolge erhielten. Aber es war eine recht sichere Methode für den Fall, dass die Zusammenkünfte vom KGB unterbrochen wurden; denn es war einfacher, eine einzelne Bibelseite zu verstecken als eine komplette Bibel!

Diese einzelnen Seiten wurden für die Christen so kostbar, dass sie häufig so viel wie möglich davon auswendig lernten. Als schließlich Bibeln allgemein erhältlich waren, waren sie überglücklich.

Vor einigen Jahren war ich auf einer Insel im Indischen Ozean. An einem Tag begleitete ich einen Vertreter der Bibelgesellschaft, der mit einem Lastwagen voller Schriften in verschiedenen Sprachen mehrere Dörfer anfuhr. Er stellte den Wagen jeweils an einem größeren Platz ab, und dann kamen die Menschen, blätterten in den Büchern und Schriften und kauften oft eine oder auch mehrere.

Ich beobachtete einen Jungen, der etwas abseits stand und wartete, bis die meisten Menschen wieder gegangen waren. Dann kam er zum Lastwagen und fragte schüchtern: »Haben Sie auch etwas umsonst?« Offenbar hatte er kein Geld, wollte das aber vor den anderen Menschen nicht zugeben. Der Mann von der Bibelgesellschaft zeigte ihm einige Bibelauszüge und sagte, davon könne er sich einen aussuchen. Der Junge nahm einen, und nachdem er ihn durchgeblättert hatte, blickte er auf und sagte: »Es lebt nicht!« Offenbar war es nicht in seiner Sprache geschrieben, und er verstand nichts. Der Mann gab ihm ein anderes Exemplar, und seine Augen leuchteten auf, als er die vertrauten Schriftzeichen sah. »Es lebt! Es lebt!«, rief er. Er hatte ein Buch in seiner Sprache gefunden.

Die Bibel begann im 16. Jahrhundert zu »leben«, als sie auch in anderen Sprachen als Hebräisch, Griechisch und Latein gedruckt wurde. Manche Leute, wie beispielsweise William Tyndale, der die Bibel als Erster ins Englische übersetzte, mussten sterben, weil sie die Frohe Botschaft allen Menschen weitergeben wollten.

Die Arbeit des Bibelübersetzens ist sehr wichtig und geht

ständig weiter, damit alle Menschen auf der Welt in ihrer eigenen Sprache von der Liebe Gottes lesen können.

Es gibt eine Frau in Russland, die es sich zur Aufgabe gemacht hat, Kindern biblische Inhalte zu erklären. Sie nennt sich selbst »Tante Olga« und begann ihre Arbeit im Jahr 1993. Zunächst ließ sie über den Rundfunk verbreiten, dass Kinder, die mehr über die Bibel wissen wollten, ihr schreiben könnten. Im ersten Jahr bekam sie 24 800 Briefe von Kindern aus ganz Russland. Zwei Jahre später waren 16 650 Kinder in einen Bibelfernkurs eingeschrieben. Inzwischen stehen ihr bei ihrer Arbeit zwei hauptamtliche Assistentinnen sowie mehrere ehrenamtliche Helfer zur Seite. Jeden Tag bekommt sie über 200 Briefe von Kindern aus ganz Russland, dem Balkan und den Republiken Zentralasiens.

Zu den Menschen im früheren Ostblock, die nun erstmals in Freiheit das Evangelium von Jesus Christus weitersagen können, gehört auch Eugenie aus Rumänien. Während der Diktatur Ceauşescus hatte Eugenie zu einer Gemeinde mit etwa 300 Mitgliedern gehört, die von den kommunistischen Behörden sehr genau beobachtet wurde. Oft wurden Gottesdienste unterbrochen und einzelne Gottesdienstbesucher zum Verhör abgeführt.

Als Christin wollte Eugenie biblische Wahrheiten weitergeben und fing an, Informationen über die Bibel und die christliche Lehre aufzuschreiben, obwohl es verboten war eine Schreibmaschine zu besitzen und Informationsmaterial in Umlauf zu bringen. Nachdem sie ein paar Monate lang so gearbeitet und ihr Material an Menschen in ganz Rumänien verschickt hatte, wurde ihr zugetragen, dass die Behörden von ihrer Schreibmaschine erfahren hätten und nun unterwegs seien, um sie zu verhaften. Sie nahm die Maschine, rannte schnell zum Fluss und warf sie dort ins Wasser, denn sie wollte auf keinen Fall, dass die Maschine den Behörden in die Hände fiel. Sie fürchtete, man könnte ihre Schreibmaschine beschlagnahmen, dann etwas Kritisches über die Regierung darauf tippen und es ihr unterschieben. In dem Fall hätte sie mit dem Schlimmsten zu rechnen gehabt: mit Gefängnis, Deportation oder sogar Tod. Als die Behörden in ihre Wohnung kamen, konnten sie aber keine Hinweise auf Eugenies Aktivitäten finden.

Ich lernte Eugenie kennen, kurz nachdem der Kommunismus in ihrem Heimatland zusammengebrochen war. Sie erzählte mir, dass sie 1992, in dem Jahr also, als das brutale Ceauşescu-Regime zu Ende ging, Gott gefragt hatte, was sie tun könne, um den Menschen von Jesus zu erzählen. Dann hatte sie beschlossen, eine christliche Bibliothek zu eröffnen. Ihre Freunde lachten sie aus und fragten: »Wie willst du denn eine Bücherei einrichten? Du hast doch gar keine Bücher!«

Aber sie antwortete: »Ich habe doch meine Bibel!« Und mit diesem einen Buch begann sie ihre Bücherei. Sie verlieh die Bibel an Nachbarn, die gern darin lesen wollten, und schon bald sammelte sie Bibeln von anderen Christen und von Touristen, die in immer größerer Zahl ihr Land bereisten. Sie schrieb an Bibelgesellschaften und Missionsorganisationen mit der Bitte um Bibeln oder Kleinschriften oder auch andere christliche Bücher in rumänischer Sprache.

Bald hatte sie genügend Bücher zusammen, um einen kleinen Laden anzumieten, von dem aus der Verleih stattfand.

Als ich Eugenie 1995 ein zweites Mal traf, umfasste ihre Bibliothek bereits über 1000 Titel! Sie erzählte mir von einer Frau, die häufig gekommen war, um Bücher auszuleihen. Eines Tages, als die Frau eine Bibel und andere Bücher zurückgeben wollte, brach sie am Tresen zusammen und wurde sofort in ein Krankenhaus gebracht, wo sie einige Tage später starb.

Etwa einen Monat nach dem Tod der Frau kam ein Mann

in die Bibliothek und sprach Eugenie an. Er stellte sich als Ehemann der verstorbenen Frau vor und wollte wissen, was sie in den Wochen vor ihrem Tod gelesen habe.

Eugenie zeigte ihm die Ausleihkarte der Frau, und gemeinsam suchten sie noch einmal die Bücher heraus, die die Frau ausgeliehen hatte. Der Mann nahm sie mit nach Hause. – Ein paar Wochen später kam er wieder und berichtete, er sei durch die Lektüre der Bücher Christ geworden, habe jetzt allerdings sehr viele Fragen. Eugenie sprach gern mit ihm über Jesus und lieh ihm noch weitere Bücher aus.

Eine Frau, eine einzige Bibel – und erstaunliche Auswirkungen!

In manchen Teilen der Welt ist es für die Menschen bis heute nicht einfach, an eine Bibel heranzukommen. Zu diesen Ländern gehört unter anderem auch China. Während all der Jahre, in denen Bibeln dort durch das kommunistische Regime konfisziert oder verbrannt wurden, gab es immer wieder Menschen, die bereit waren, in jahrelanger mühevoller Kleinarbeit die Bibel von Hand abzuschreiben.

Auch wenn es heute wieder mehr Bibeln in China gibt und ein Teil davon sogar in China selbst gedruckt wird, ist die Anzahl der Bibeln im Verhältnis zur Bevölkerungszahl verschwindend gering. Nur wenige Menschen, die zu Hauskirchen gehören und nicht in den »offiziellen« Kirchen sind, verfügen über eine Bibel. Zurzeit besteht ein unmittelbarer Bedarf von 25 000 Exemplaren pro Monat allein in den Hauskirchen.

Menschen legen lange Strecken zu Fuß zurück, um eine Bibel zu erwerben, nachdem sie meist monatelang auf ein Exemplar gespart haben.

1993 brachten eine dänische Missionarin und zwei chinesische Freundinnen von ihr, die ebenfalls Christinnen waren, jeweils zwei Koffer voller Bibeln nach China, nachdem sie zuvor gebetet hatten, dass Gott ihnen zeigen möge, wem sie die Bibeln dort geben sollten.

Als sie in Kanton ankamen, mieteten sie sich für ein paar Tage in einer kleinen Pension ein. Nachdem sie ausgepackt hatten, gingen sie zur Rezeption, um ihre Schlüssel abzugeben, weil sie einen kleinen Spaziergang machen wollten. Dort fragte gerade eine kleine, alte, müde aussehende Frau nach einem Zimmer. Der Eigentümer teilte ihr mit, es sei leider nichts frei, er habe gerade die letzten beiden Zimmer an einige ausländische Besucher vermietet. Die Frau sah so mutlos aus, dass Susan, die dänische Missionarin, der Chinesin das zweite Bett in ihrem Zimmer kostenlos anbot. Susan brachte die Frau auf das Zimmer, und schon bald darauf kamen die beiden freudestrahlend wieder zurück. Die alte Frau war 80 Kilometer zu Fuß gegangen, um eine Bibel für ihre Hauskirche zu kaufen, damit man wenigstens ein gemeinsames Exemplar für alle hätte. Sie hatte keine Ahnung gehabt, an wen sie sich wenden sollte, um eine Bibel zu kaufen, hatte aber gebetet, dass Gott sie führen möge.

Susan und ihre Freundinnen hatten 60 Bibeln bei sich und begleiteten am nächsten Tag die Frau in ihr Dorf, um dort die Bibeln zu verteilen!

Bei ihrer Ankunft wurden sie sehr herzlich begrüßt, und am Sonntag sprachen sie im Gottesdienst der Hauskirche. Susan berichtete, wie die Menschen dort ihre Bibeln festgehalten hätten, mit geschlossenen Augen, tränenüberströmten Gesichtern, sich hin und her wiegend, wobei sie immer wieder ein bestimmtes Wort vor sich hin gesagt hätten.

Sie bat ihre Freundinnen aus Hongkong, das Wort zu übersetzen, und es lautete: »Kostbar, kostbar«.

Die Bibel ist wirklich kostbar. In Psalm 119 sagt der Psalmist: »Wie sehr liebe ich dein Gesetz; den ganzen Tag denke ich darüber nach!« (Vers 97) und »Dein Wort ist meine Lieblingsspeise, es ist süßer als der beste Honig« (Vers 103). –

In der westlichen Welt haben wir meist die Auswahl zwischen verschiedenen Bibelausgaben und oft stehen bei uns zu Hause mehrere Exemplare zur Verfügung. Vielleicht ist uns aber dadurch die Bibel weniger kostbar als denjenigen, denen sie ihr Leben lang vorenthalten wurde.

Warum ist denn die Bibel etwas so Besonderes, dass sie als allererstes Buch gedruckt wurde nach der Erfindung der Druckerpresse im 15. Jahrhundert?

Was ist an der Bibel so Besonderes, dass sie das meistgedruckte Buch der Welt ist seit Erfindung des Buchdrucks?

Was ist an der Bibel so Besonderes, dass es 2000 Sprachen gibt, in denen sie das erste gedruckte Buch ist?

Was ist an der Bibel so Besonderes, dass Menschen ihr Leben aufs Spiel setzten, um sie in eine andere Sprache zu übersetzen?

Was ist an der Bibel so Besonderes, dass um 1800 Christen aus dem Kongo an den Erzbischof von Canterbury schrieben: »Großer und guter Häuptling des Stammes der Christen, wir grüßen Euch. Der bescheidenste Eurer Diener küsst den Saum Eures Gewandes und bittet Euch, seinen Mitdienern mehr Bibeln zu schicken und weniger Rum«?

Was ist an der Bibel so Besonderes, dass sogar das russische Parlament eine halbe Stunde lang Pause machen musste, weil so viele Politiker zum Roten Platz gegangen waren, um sich dort Bibeln von einem Wagen der Bibelgesellschaft zu holen?

Was die Bibel zu etwas Besonderem, zu etwas Kostbarem, zu einem Schatz macht, ist die Tatsache, dass sie ein Brief von Gott an jeden Menschen auf dieser Erde ist! Sie ist ein persönlicher Brief mit einer persönlichen guten Nachricht, und diese Nachricht lautet: Du bist nicht allein im Universum; es gibt einen Gott, der dich liebt und dich beim Namen kennt. Durch Gottes Sohn Jesus wird dir Vergebung angeboten und ein ewiges Zuhause im Himmel. Das sind wirklich gute Nachrichten!

Vorschläge fürs Gespräch

1. *Besitzen Sie eine Bibel? Wenn ja, warum nehmen Sie sie dann nicht gleich einmal zur Hand und danken Gott für dieses kostbare Buch?*

2. *Haben Sie Lieblingsstellen in der Bibel? Vielleicht sollten Sie sie wieder einmal aufschlagen. Warum sind sie Ihnen so wichtig? Wenn Sie mit anderen Menschen zusammen sind, dann tauschen Sie doch einmal solche Lieblingsstellen aus.*

3. *Lesen Sie Psalm 119, Verse 87-105. Der Verfasser ist jemand, der das Wort Gottes wirklich liebt und jeden Tag darin liest. Welche Auswirkungen hat es nach Aussage des Psalmisten, das Wort Gottes zu lesen?*

4. *Gehen Sie zum Ende des Psalms weiter und lesen Sie ihn ab Vers 169 bis zum Ende als Gebet.*

5. *Wie wäre es, in eine christliche Buchhandlung zu gehen und eine Bibellese für jeden Tag zu kaufen? Das könnte Ihnen helfen, wirklich jeden Tag einen Abschnitt in der Bibel zu lesen und dann über die wunderbare Botschaft nachzudenken, die darin enthalten ist.*

10. Geduldig warten und dabei im Glauben wachsen

In meinem Dienst bin ich sehr viel im Flugzeug unterwegs, und manchmal höre ich kurz vorm Erreichen meines Zieles die Ansage des Flugkapitäns: »Bitte entschuldigen Sie unsere Verspätung, aber wir müssen noch eine Weile in der Warteschleife bleiben!« Es ist ziemlich frustrierend, zu warten, wenn man genau weiß, wo man sein möchte, und sogar unter sich das Reiseziel schon sieht, aber nicht die Möglichkeit hat, es auch zu erreichen.

Ich habe in allen Teilen der Welt Menschen kennen gelernt, die mir erzählten, wie sie in einer Art »Warteschleife« darauf hofften, dass Gott auf ihre Gebete antwortete. Sie hätten liebend gern sofort eine Antwort gehabt, mussten jedoch zunächst einmal einfach abwarten.

Wenn man warten muss, kann das schon sehr frustrierend sein, weil es einem oft wie reine Zeitverschwendung vorkommt. Aber Gott lässt uns oft warten und fordert uns zur Geduld auf.

In Jesaja 40, Vers 31 heißt es: »Die aber auf den Herrn harren, kriegen neue Kraft, dass sie auffahren mit Flügeln wie Adler, dass sie laufen und nicht matt werden, dass sie wandeln und nicht müde werden« (Lutherübersetzung).

Jesus wusste, was es bedeutet zu warten, denn schließlich dauerte es dreißig Jahre, bis sein öffentliches Wirken begann. Das Volk Israel wartete vierzig Jahre lang darauf, das Gelobte Land zu betreten, und Mose musste sein halbes Leben in Midian Schafe hüten, bevor er erleben durfte, wie Gott mit seiner Hilfe sein Volk Israel aus der Sklaverei in Ägypten befreite. Jakob musste vierzehn Jahre lang auf das Mädchen warten, das er liebte, und Hanna wartete jahrelang unter

Tränen und unter dem Gespött der Leute auf das Kind, das sie sich so sehnlichst wünschte.

Manchmal braucht ein Mensch, der uns sehr am Herzen liegt, dringend Gottes Liebe, Vergebung und Frieden. Wir beten ernsthaft und von Herzen, sehen aber lange keine Resultate. Wir kommen zu Gott mit unserer Bitte, unter Tränen und mit Sehnsucht, aber oft ist es für Gott wichtig, dass wir auf den Zeitpunkt warten, den er für den richtigen hält. Man gibt leicht auf, wenn man so gar keine Ergebnisse sieht und Angst hat, dass Gott das Gebet nicht erhört hat. Aber noch viel schwieriger ist es, auf sein Handeln zu warten und dabei ruhig zu bleiben.

Der Sohn meines Herzens

Im Frühjahr 1996 wechselte unsere damals 15j-ährige Tochter ihren Freundeskreis. Sie lernte einige ältere Jugendliche kennen, die sie ab und zu mit nach Hause brachte. Im Herbst lernte ich einen Neuen aus der Clique kennen. Er war nur zweimal bei uns, und dann auf einmal kam er nicht mehr.

Im Januar erfuhren wir den Grund seines Verschwindens: Er saß in Untersuchungshaft in einem Jugendgefängnis. Einige Tage darauf rief er an, um mit unserer Tochter zu sprechen. Sie war aber nicht zu Hause, und so sprach er mit mir. Ich erzählte ihm, dass ich inzwischen wusste, wo er war, und fragte ihn: »Darf ich dir schreiben?« Etwas überrascht bejahte er die Frage. Ein intensiver Briefkontakt entstand.

In seiner Antwort auf meinen ersten Brief, in dem ich ihm auch von der Vergebung, die in Jesus zu finden ist, erzählt hatte, schrieb er: »Ich bin wirklich überrascht, einen Brief von Ihnen zu bekommen. Ich hätte nie gedacht, dass Sie mir schreiben würden. Ich habe mich wirklich sehr gefreut. Das mit Gott, ich glaube an ihn, aber wenn ich ehrlich sein soll, es ist nicht mehr das Wahre. Ich meine, es gab bzw. gibt noch Zeiten, wo ich einfach nicht glauben kann, dass es ihn gibt. Wenn ich ehrlich bin, weiß ich manchmal selber nicht, was ich glauben soll.«

Bei seiner Verhandlung einen Monat später durfte ich Markus zum ersten Mal wieder sehen. Umringt von vier bewaffneten Polizisten kam er die Treppe zum Gerichtssaal herauf und blickte nur zu Boden. Diesen Anblick werde ich mein Leben lang nicht vergessen. »Er ist noch so jung!«, fuhr es mir durch den Kopf. »Sein ganzes Leben hat er noch vor sich. Und er ist doch so unendlich wertvoll in Gottes Augen.«

Nach und nach fing Markus an, sich mir in seinen Briefen anzuvertrauen. Ich betrachte es als großes Vorrecht, dass er Vertrauen zu mir fasste. Er ließ seine Maske fallen und gewährte mir Einblick in sein Herz. Er schrieb: »Ich bin wirklich tief gerührt, dass Sie sich so liebevoll um mich kümmern. Ich hätte nie gedacht, dass man sich so um mich sorgt! ... Ich traue Ihnen. Und es gibt nur sehr, sehr wenige Leute, denen ich vertraue. Ich glaube, dass Sie mittlerweile zu ihnen gehören! Und das soll schon was heißen bei mir.«

Das Thema Glauben kam immer wieder in unseren Briefen vor. Einmal schrieb ich einige meiner Gebete für ihn auf, weil er sich unter dem Thema Gebet nichts vorstellen konnte. In diesen Gebeten hatte ich selbstverständlich mit Gott über meinen Wunsch geredet, dass Markus ihn kennen lernen möge. Ein anderes Mal hatte ich darum gebetet, dass Gott seinen Weg nach der Entlassung begleiten möge. Ich war gespannt auf Markus' Reaktion auf diese Gebete.

Im nächsten Brief schrieb er: »Zu den Gebeten: Als ich sie las, sind mir die Tränen gekommen, denn offensichtlich hat sich noch nie jemand so um mich gesorgt wie Sie. Ich war doch sehr überrascht, als ich Ihre Gebete las.«

Unser gegenseitiges Vertrauen wuchs, und die Beziehung vertiefte sich rasch, als er nach einem Jahr Haftlockerung bekam und die Anstalt ab und zu für einige Stunden verlassen durfte. Später kam er in den Freigang und verbrachte dann jedes Wochenende bei uns. Er wurde zum »Sohn meines Herzens«, und in unserer Familie wuchs der Wunsch, ihn nach seiner Entlassung ganz bei uns zu haben.

Schließlich erzählte ich ihm bei einem Besuch in der JVA von diesem Wunsch.

Markus war vollkommen überwältigt von der Vorstellung, dass irgendwer ihn würde haben wollen. Er schrieb in der Woche danach: »Als Sie gesagt haben, dass ich bei Ihnen wohnen dürfte, das war für mich mal wieder was ganz Neues, Ungewohntes. An so was hätte ich nie gedacht. Ich wusste am Anfang (als Sie es gesagt haben) gar nicht damit umzugehen bzw. ich war sprachlos. Ich weiß immer noch nicht damit umzugehen, überhaupt, dass mir mal jemand dies anbieten würde, ich weiß einfach nicht, was ich dazu sagen soll. Aber es ist gut zu wissen, dass da jemand ist, oder sogar mehrere, die einen doch mögen.«

Er zögerte lange mit der Antwort, weil er große Angst davor hatte, uns zu enttäuschen, sagte aber dann doch zu. Wir haben gejubelt!

Vier Monate wohnte er nach seiner Entlassung bei uns, eine Zeit mit Höhen und Tiefen, bis er dann leider Kontakt zu einigen alten Kumpels aufnahm. Er zog aus, und unsere Herzen wurden schwer, als wir in den darauf folgenden Monaten mit ansehen mussten, wie es mit ihm rapide bergab ging. Er griff zu Drogen und wurde aggressiv und unberechenbar.

Wieder wurde er straffällig. Inzwischen sitzt er eine neue lange Jugendstrafe ab.

Nach der Verhaftung im vergangenen Sommer brach er den Kontakt zu uns für einige Monate ganz ab, aber danach schrieb er wieder und entschuldigte sich für sein Benehmen.

Ich schrieb zurück: »Weißt du noch, wie überraschend damals der Gedanke für dich kam, dass wir dich aufnehmen wollten? Vielleicht kommt dieser Gedanke diesmal wieder genauso überraschend, aber ich sage dir wieder: So oft du kannst und willst, würden wir dich gerne wieder hier haben!

Damit weißt du, dass wir *nicht* der Meinung sind, dass Zerbrochenes nicht wieder hergestellt werden kann. Und wir denken auch nicht, dass man so viele Fehler begehen kann, dass es nie wieder einen Weg zurück gibt. Ich danke dir für den Mut, den du gezeigt hast, indem du dich entschuldigt hast, denn ich weiß, wie schwer es dir fällt, über so was zu reden. Die Entschuldigung ist angekommen und angenommen. Wir lieben dich!«

Unsere Hoffnung war es, dass er sich auf Grund dieses erneuten Scheiterns für Gott öffnen würde, aber er ist stattdessen noch »härter« geworden. Unsere Aufgabe ist es aber jetzt, Gottes Liebe weiterhin fließen zu lassen und für unseren jungen Freund ein fühlbares Bild der Gnade Gottes zu sein, indem wir ihn nicht fallen lassen, sondern jetzt erst recht mit Ausdauer und Beharrlichkeit zu ihm stehen.

Die Hoffnung, die Gott mir für diesen »Sohn meines Herzens« gegeben hat, ist mittlerweile zu einer von Gott gegebenen festen Zuversicht geworden, dass er tatsächlich eines Tages zum Glauben kommen wird, auch wenn man im Moment nichts davon sieht. Und ich sehne mich nach dem Tag, an dem aus dem »Sohn meines Herzens« mein »Bruder im Glauben« wird.

Ein australisches Ehepaar berichtete, es habe jahrelang dafür gebetet, dass der auf Abwege geratene Sohn wieder zu Gott zurückfinden möge. Er hatte die Schule abgebrochen und war ins Drogenmilieu abgerutscht. Immer wieder flehten sie Gott an, doch ihre Gebete zu erhören.

Eines Tages, als sie die Autobahn entlang fuhren, sahen sie ein Flugzeug, das an den Himmel schrieb: »Jesus rettet.« Die Frau sagte zu ihrem Mann: »Ich hoffe, das sieht jetzt jemand, der die Wahrheit dieser Worte wirklich nötig hat.« Als die beiden zu Hause ankamen, erhielten sie einen Anruf von ihrem Sohn, der in einem anderen Teil von Sydney lebte. Er hatte an diesem Tag beschlossen, sich das Leben zu nehmen, dann aber am Himmel die Botschaft gelesen, dass Jesus rettet. Er fragte, ob er wieder nach Hause kommen dürfe, nach Hause zu seinen Eltern und zu Gott. Der eine, der die Botschaft gebraucht hatte, war ihr eigener Sohn gewesen, für den sie all die Jahre gebetet hatten.

Als ich Anfang 1996 an einem Kongress der Lausanner Bewegung in Stuttgart teilnahm, kam ich dort mit Johan ins Gespräch, einem Freund aus Holland. Er zeigte mir zwei Fotos und erzählte dazu eine wunderbare Geschichte.

Etwa zehn Jahre zuvor war Johan als Tourist in China gewesen und hatte dort wie die meisten Touristen sehr viel fotografiert. Weil er ein Teleobjektiv dabei hatte, konnte er auch Nahaufnahmen von Menschen machen, die ihm in der Menge auffielen. Unter anderem fotografierte er mehrmals eine Gruppe von fünf chinesischen Mädchen in Uniform.

Als er wieder in Holland war und seine Filme entwickelt waren, beschloss er, einige der Fotos vergrößern zu lassen, und unter den besonders gut gelungenen Vergrößerungen war auch das Bild von den fünf Mädchen.

Deshalb rahmte er das Foto, hängte es in seinem Arbeitszimmer auf und verpflichtete sich innerlich, regelmäßig für die Mädchen auf dem Foto zu beten. Er hatte keine Ahnung, wer sie waren oder wie sie hießen, ging aber davon aus, dass sie als Schülerinnen in einem kommunistischen Land wahrscheinlich nichts von Gott wussten. Er betete intensiv für sie und bat Gott, sie mit dem Evangelium in Kontakt zu bringen. Das Gebet für das chinesische Volk wurde immer mehr zu seinem Anliegen, speziell aber das Gebet für die fünf Mädchen.

So vergingen viele Jahre. Als Johan, der mittlerweile in den USA lebte, eines Tages mit dem Auto unterwegs war zu einer Sitzung in Colorado, sah er auf dem Seitenstreifen ein Auto, das wegen einer Panne liegen geblieben war. Um das Auto herum stand eine Gruppe junger Leute, die ziemlich ratlos wirkten. Er hielt an und bot ihnen Hilfe an, die sie aber höflich ablehnten, und so fuhr er weiter. Als er jedoch einige Stunden später auf dem Rückweg von seiner Sitzung wieder an der Stelle vorbeikam, waren die jungen Leute immer noch da! Wieder ging er auf sie zu und fragte, ob sie nicht doch lieber Hilfe annehmen wollten, was sie diesmal auch dankbar taten. Johan sah sich das Auto an und stellte fest, dass es sich um einen größeren Schaden handelte und rief deshalb den örtlichen Pannendienst zu Hilfe, wo man feststellte, dass die Reparatur einige Tage dauern würde.

Johan fragte die jungen Leute, ob sie wüssten, wo sie unterkommen könnten, bis das Auto repariert sei. Daraufhin erzählten sie, sie seien Englischstudenten in einem etwas weiter entfernten College und hätten keine Ahnung, wo sie bleiben sollten.

Johan bot ihnen an, bei ihm zu Hause zu übernachten, und so kamen sie mit ihm nach Hause zu seiner Familie.

Dort erzählten die Studenten dann, sie kämen aus China, woraufhin Johan erwähnte, dass er vor vielen Jahren einmal dort gewesen sei, und er fragte, ob die jungen Leute Lust hätten, ein paar seiner Fotos von damals anzusehen. Sie waren begeistert und sehr aufgeregt, als sie mit ihm zusammen die Fotos betrachteten. Plötzlich ertönte ein Aufschrei. Sie hatten das Foto von der Mädchengruppe auf dem Platz des Himmlischen Friedens gesehen, und eines der Mädchen, das da bei Johan zu Hause auf dem Sofa saß, hatte sich selbst wiedererkannt. Sie kreischte vor Entzücken und Staunen. »Das bin ja ich!«

Johan erklärte, dass ihm damals die Mädchen in den Uniformen aufgefallen seien und er mit dem Teleobjektiv das Foto gemacht habe. »Wenn ihr in mein Arbeitszimmer geht«, fügte er noch hinzu, »findet ihr da an der Wand sogar noch eine Vergrößerung von dem Foto.« Die jungen Leute staunten über das große Bild und fragten Johan, warum er das Foto dort aufgehängt habe, worauf er erwiderte, dass es ihm ganz besonders gut gefalle und dass er als Christ jeden Tag für die Mädchen gebetet habe. Sein Gebet sei gewesen, dass sie von dem einen Gott erführen, der sie liebe.

Wo die Studenten einen verblüffenden Zufall sahen, erkannte Johan das Wirken Gottes, und er lobte Gott: nicht nur dafür, dass sein Warten belohnt worden war, sondern auch dafür, dass ausgerechnet er und seine Familie es waren, die den jungen Leuten von Jesus erzählen durften.

Während dieser beiden kostbaren Tage erfuhren die chinesischen Studenten von der Liebe Gottes und von seiner Vergebung durch Jesu Tod am Kreuz, und sie übergaben ihm daraufhin ihr Leben.

Johans Gebet war auf erstaunliche Weise erhört worden. Er hatte ganz bestimmt nicht erwartet, dass eines der Mädchen, für die er so lange gebetet hatte, in seinem eigenen Haus zum Glauben kommen würde.

Das zweite Foto, das er mir zeigte, war ein Hochzeitsfoto. Es zeigte das Mädchen, für das Johan die ganze Zeit gebetet hatte, und einen jungen Christen, den sie in der Gemeinde kennen gelernt hatte, der sie sich nach ihrer Rückkehr ans College anschloss.

Nachdem er seine Geschichte erzählt hatte, fügte Johan noch hinzu, er wisse nichts über die anderen vier Mädchen von dem Foto, aber er bete nach wie vor für sie. –

Lassen wir uns dazu ermutigen, auch weiter auf Gott zu warten, selbst mit Bitten, die unerfüllbar scheinen, und seien wir bereit, darauf zu warten, dass er zu seiner Zeit und auf seine Art unsere Gebete erhört. Vielleicht erfahren wir dabei nicht solche Wunder wie das australische Ehepaar oder wie Johan, die die Erhörung ihrer Gebete selbst miterlebt haben. Aber ein Vers aus Psalm 40 (Vers 1) kann helfen. Dort heißt es (in der Übersetzung Martin Luthers): »Ich harrte des Herrn, und er neigte sich zu mir und hörte mein Schreien.«

Vorschläge fürs Gespräch

1. *Warten Sie auf etwas, das Gott tun soll? Wer sind die Menschen und wie ist die Situation, die Sie auf dem Herzen haben? Haben Sie schon Gebetserhörungen in Ihrem eigenen Leben oder im Leben anderer erlebt? Lassen Sie sich dadurch Mut machen, dass Gott Ihre Gebete hört.*
2. *Lesen Sie Jesaja 40, Verse 28-31. Es gibt darin sechs wichtige Punkte, anhand derer Gott beschrieben wird, und vier Verheißungen für diejenigen, die auf ihn »harren«.*

11. Ein Zeichen setzen

Vor einigen Monaten habe ich an einem Kongress für christliche Leiterinnen aus Europa in Budapest teilgenommen, der unter dem Motto »Hoffnung für Europa« stand. Es waren 187 Frauen aus 28 Ländern gekommen, viele von ihnen aus ehemaligen Ostblockstaaten.

Die Frauen waren im Voraus gebeten worden, einen Gegenstand mitzubringen, der den Zustand ihres Landes, ihrer Gemeinde, ihres Lebens oder ihres speziellen Dienstes symbolisierte.

Wenn ich mir den Kongress in Erinnerung rufe, sehe ich bis heute einige dieser Symbole sehr deutlich vor mir, und dazu die Gesichter der Frauen, von denen sie gezeigt und erklärt wurden.

Eine junge Frau namens Elke hielt einen zerbrochenen Spiegel hoch, der in einem großen, reich verzierten Rahmen steckte und aus der Ferne aussah wie ein interessantes Bild.

Sie erklärte, der Spiegel stelle ihr Land dar, wie sie es sähe.

Elke kam aus einem westeuropäischen Land, das von außen betrachtet wahrscheinlich modern, vielseitig, erfolgreich und kultiviert wirkt, irgendwie wie ein interessantes Kunstwerk.

»Aber«, so sagte sie, »wenn man genauer hinschaut, erkennt man, dass es in viele scharfe, gezackte Teile zerbrochen ist. Das hier ist kein interessantes Kunstwerk, sondern ein zerbrochener Spiegel.«

Und sie erklärte weiter, dass der Spiegel die Wirklichkeit zeige: Zerbrochenheit, Chaos und scharfe Abgrenzungen. Sie wünschte sich sehnlich Heilung für ihr Land und ihr Volk, und sie glaubte, dass Heilung nur zustande kommen könne, wenn ihr Volk zu Gott umkehre.

»Was wir brauchen«, so erklärte sie, »ist ein Plan, nach dem wir den Spiegel oder das Bild wieder so zusammensetzen können, wie es ursprünglich zusammengehörte. Wir müssen den Menschen das ursprüngliche Bild zeigen, so wie Gott es eigentlich geplant und dann geschaffen hat: Männer und Frauen nach dem Ebenbild Gottes, die sich gemeinsam um die Schöpfung kümmern, so wie es eigentlich vorgesehen war, und die Gott in dieser Aufgabe immer wieder um seine Führung bitten. Das ist die einzige Möglichkeit«, so sagte sie, »das Bild wieder zusammenzubekommen.«

Eine Frau aus einem anderen westeuropäischen Land hatte eine ganz ähnliche Botschaft. Romkje hatte einen wunderschönen Strauß Blumen mitgebracht, die normalerweise für ihr Land stehen. Sie waren bunt und hübsch und standen in einer Vase neben Romkjes Platz, während sie sprach. Sie sagte: »Ich habe diese Blumen gestern gepflückt, und sie sehen auch heute noch frisch und schön aus. Aber beobachtet sie einmal im Laufe der Woche. Morgen werden sie immer noch gut aussehen, und übermorgen vielleicht auch noch, aber nach und nach werden sie verwelken, und am Ende des Kongresses sind sie tot. Diese Blumen sterben, weil sie abgepflückt worden sind und dadurch keinen Kontakt mehr zu der Erde haben, durch die sie mit Nährstoffen versorgt wurden. Ohne diese Erde sterben sie.«

Sie schaute uns traurig an und sagte: »Das steht für mein Land. Wir waren einmal eine christliche Nation, die auf dem Wort Gottes aufgebaut war. Wir waren stark und blühend, aber wir haben den Boden verlassen, der uns ernährt. Wir sehen vielleicht immer noch sehr lebendig aus, aber wir sterben ganz langsam ab.«

Während ich ihr zuhörte, wurde mir klar, dass das auf

viele der Länder zutraf, die Delegationen zu dem Kongress entsandt hatten.

Brenda aus Nordirland hatte eine Kerze mitgebracht. Während all der Jahre des Blutvergießens in ihrem Land hatten Frauen beider Kriegsparteien immer wieder Kerzen angezündet als Zeichen der Hoffnung. Nun zündete Brenda ihre Kerze an und erzählte von einer Begebenheit, die sich kurz zuvor in ihrem Land ereignet hatte.

Ein junger Mann hatte an einer Grenze in Nordirland Führerscheine kontrolliert. Während er den Führerschein einer jungen Frau kontrollierte und dabei mit ihr plauderte, wurde auf ihn geschossen, und er starb in ihren Armen. Er war katholisch, sie Protestantin. Brenda wünschte sich so sehr Frieden für ihr Land, und während wir alle auf die brennende Kerze schauten, beteten wir mit ihr gemeinsam.

Die Frauen aus Russland hatten eine große gestrickte Flickendecke mitgebracht, die Stunden gemeinsamer Arbeit von verschiedenen Frauen darstellte. Die Decke bestand aus Dutzenden gestrickter Quadrate in verschiedenen Farben, Mustern und Größen, die jedes für sich einen Beitrag zum Ganzen darstellten.

Die Frauen sagten, die Decke stehe für Einheit in der Vielfalt. Frauen aus verschiedenen Teilen Russlands mit völlig unterschiedlichem Hintergrund, unterschiedlichen sozialen und wirtschaftlichen Bedingungen und unterschiedlichster Erziehung und Ausbildung hätten daran mitgearbeitet. Gemeinsam wäre ihnen jedoch allen, dass sie Gott liebten und sich Einheit für ihr Land und ihre Gemeinden wünschten. Außerdem führten die russischen Frauen noch an, dass eine Decke etwas Wärmendes, Schützendes sei und damit für den Schutz und die Wärme stehe, die der gute Hirte seinen Schafen gibt. –

Eine Frau aus einem anderen westeuropäischen Land hielt eine Spritze hoch. Sie sagte: »Unser Land ist zwar oberflächlich gesehen christlich, aber es ist, als sei es gegen den christlichen Glauben geimpft worden und jetzt immun. In unseren Schulen gibt es zwar ein wenig Religionsunterricht, die meisten Bürger unseres Landes sind auch Namenschristen und gehören der Staatskirche an, aber nur sehr wenige von ihnen haben sich wirklich mit dem Christsein ›angesteckt‹! Betet für uns und unsere Bemühungen, das Evangelium zu Menschen zu bringen, die glauben, es bereits zu kennen, und deshalb nicht richtig zuhören.«

Ein sehr buntes Symbol wurde von einer jungen Frau aus Schweden, von Charlotte Höglund, hochgehalten. Sie ist eine großartige Sängerin und Schauspielerin. Charlotte hielt ein kariertes Tischtuch hoch. Sie sagte, das sei ein Symbol für Gemeinschaft: »Wir konzentrieren uns so sehr auf uns selbst – mein Job, meine Familie, mein Geld – und dabei möchte Gott, dass wir uns in erster Linie auf ihn und aufeinander konzentrieren. Wir brauchen Zeit füreinander. Um einen Tisch versammelt bei einer Tasse Tee können Wunder geschehen!«

Charlotte und ein paar Leute aus ihrer Theatergruppe, von denen nicht alle Christen sind, treffen sich schon seit langem regelmäßig zum Frühstücken. Sie plaudern über alles Mögliche, und nach drei Jahren fragte eine junge Frau Charlotte, warum sie eigentlich Christin sei.

Charlotte berichtete, dass sie drei Jahre darauf vorbereitet gewesen sei, diese Frage zu beantworten, aber es habe eben drei Jahre gedauert, bis diese junge Frau soweit gewesen sei, die Frage zu stellen. Sie erinnerte uns noch einmal daran, dass »das Weitersagen der guten Nachricht an nicht gläubige Freunde eine langwierige, aber unglaublich lohnende Arbeit ist!« –

Es wurden noch viele weitere Symbole gezeigt: Große Schokoladentafeln, die wunderschön verpackt, aber ohne Inhalt waren; Vorlegegabeln, die nicht funktionieren konnten, weil ein Zinken abgebrochen war, und ein Gefäß mit Öl als Symbol für die Notwendigkeit von Heilung.

Manchmal benutzt man Symbole, um eine besonders wichtige Aussage hervorzuheben, und auch in der Bibel spielen Symbole eine wichtige Rolle.

In Jesaja 8, 18 steht: »Ich und meine Kinder, die der Herr mir gegeben hat, wir sind lebende Botschaften. Durch uns spricht der Herr, der allmächtige Gott, der auf dem Berg Zion wohnt, zu seinem Volk.«

Gott braucht in jeder Generation und in jedem Land Zeichen und Symbole. In der Bibel werden Gott und sein Volk in einer Vielfalt klarer, gehaltvoller Symbole oder Wortbilder beschrieben.

In Jesaja 49,2 ist vom Boten Gottes als »spitzem Pfeil« die Rede, den er »in seinen Köcher gesteckt« hat. Als Pfeile Gottes sollen wir spitz bleiben und bereit sein für Situationen, in denen es um Zielgenauigkeit und Treffsicherheit geht. Es ist aber auch hilfreich zu bedenken, dass wir als Pfeile zwar manchmal für eine besondere Aufgabe aus dem Köcher geholt werden, ansonsten aber in enger Gemeinschaft zusammen mit den anderen Pfeilen im Köcher stecken.

Ein weiteres Symbol, das von Jesaja und Hesekiel verwendet wird, ist das des Wächters auf der Stadtmauer, dessen Aufgabe es ist, andere an das Gericht Gottes zu erinnern, zu beten und die Menschen zur Umkehr aufzurufen.

In Jesaja 62,6-7 spricht Gott zur Stadt Jerusalem und sagt: »Jerusalem, ich habe Wächter auf deine Mauern gestellt, die den Herrn Tag und Nacht an sein Versprechen erinnern sollen. Ihr Wächter, hört nicht auf zu beten – nicht einen Augenblick –, gönnt euch keine Ruhe! Lasst auch dem Herrn keine

Ruhe ...« Und bei Hesekiel 33,6-7 wird erklärt, dass die Aufgabe der Wächter darin besteht, Menschen darauf hinzuweisen, was auf sie zukommt. Erfolgt eine solche Vorwarnung nicht, wird der Wächter dafür zur Verantwortung gezogen. Der Wächter, der auf der Mauer steht und das Unheil kommen sieht, muss die Posaune blasen, damit die anderen Stadtbewohner reagieren können. Ob sie es dann tun, liegt in ihrer eigenen Verantwortung, aber der Wächter muss auf jeden Fall das Warnsignal geben.

Ein weiteres bekanntes Symbol, das in der Bibel verwendet wird, ist das des Hirten, der den Auftrag bekommt, eine Schafherde zu weiden, zu bewachen, zu führen und zu beschützen. Das gesamte Kapitel 34 beim Propheten Hesekiel handelt von der Rolle des Hirten und von den Folgen, die es hat, wenn er seine unterschiedlichen Aufgaben vernachlässigt.

Es werden diejenigen gewarnt, die Verantwortung übernommen haben, sich dann aber mehr um sich selbst als um die ihnen anvertraute Herde kümmern. Ihre Verantwortung besteht darin, schwache Tiere gut zu füttern, kranke zu heilen und verwundete zu verbinden. Sie sollen Schafe, die sich verlaufen haben, suchen und zur Herde zurückbringen und nach denen suchen, die verloren scheinen. Die Hirten, die ihre Pflicht vernachlässigt haben, wird Gott zur Rechenschaft ziehen.

Wenn wir als Hirten Verantwortung für die Herde Gottes übernommen haben, dann müssen wir diese Pflicht ernst nehmen, denn Gott wird uns für den Zustand der Herde zur Rechenschaft ziehen. Jeremia fragt im Auftrag Gottes die Oberen Israels (Jeremia 13,20): »Was soll nun aus deiner Herde werden, die du beschützen solltest und auf die du so stolz warst?« Dieselbe Frage stellt Gott auch uns. Der Prophet Jeremia selbst verzweifelte oft beinah an seiner schwierigen Aufgabe, doch später konnte er immerhin zu Gott sagen: »Herr, du hast mich zum Hirten deines Volkes berufen, und diesem Auftrag bin ich nicht ausgewichen.«

Ein weiteres Symbol, das in der Bibel für die Menschen benutzt wird, die zu Gott gehören, ist das Symbol des Lichts.

In Apostelgeschichte 13,47 zitiert Lukas das Wort Gottes aus Jesaja 49,6: »Ich habe dich zum Licht für alle Völker der Erde gemacht, damit du sie zum Heil führst«, und in Matthäus 5,14 sagt Jesus: »Ihr seid das Licht, das die Welt erhellt ... so soll euer Licht vor allen Menschen leuchten.«

Über Johannes den Täufer sagte Jesus: »Johannes war ein strahlendes Licht« (Johannes 5,35), und der Psalmist erinnert uns daran: »Herr, du machst die Finsternis um mich hell, du gibst mir strahlendes Licht« (Psalm 18,29).

Nie werde ich die Abschlussveranstaltung der Lausanner Konferenz 1989 in Manila vergessen. In dem riesigen Saal, der 4000 Menschen fasste, wurde es plötzlich dunkel, und die Musikgruppe der »King's Kids« kam auf die Bühne, jeder mit einer brennenden Kerze in der Hand, und sie sangen:

»Dies kleine Licht – ich lass es leuchten, leuchten, leuchten. Ich soll's verstecken? Nein! Ich lass es leuchten, leuchten, leuchten.«

Die Bühne war von etwa zwanzig Kerzen erleuchtet, ansonsten war es in der Halle völlig dunkel. Während die »Kids« sangen, kamen Hunderte von jungen Christen singend an allen Gängen die Treppen hinunter, und es blieb jeweils einer am Ende jeder Stuhlreihe stehen. Auf ein Zeichen hin gingen ungefähr 500 Taschenlampen an, und die ganze Halle war lichtdurchflutet.

Der Evangelist und damalige Vorsitzende der Lausanner Bewegung, Leighton Ford, kam auf die Bühne und sagte: »Ist Ihnen aufgefallen, dass diese Halle, die eigentlich dunkel war, von Tausenden einzelner kleiner Lichter erleuchtet wird? Genau dazu ruft Gott uns in dieser Welt auf. Wir kehren jetzt alle nach Hause in unsere Heimatländer zurück, und Gott fordert uns auf, dort Lichter zu sein, wo immer wir auch sind.« Und dann fügte er als letzte Worte des Kongresses noch an: »Manchmal wird ihr Licht hell brennen; manchmal auch weniger hell, aber möge es weiter brennen!«

Mit diesen Worten im Ohr kehrten die Kongressteilnehmer nach Hause zurück.

Wenn wir darüber nachdenken, wie wichtig es ist, uns von Gott als lebendes Zeichen seiner Gegenwart auf dieser Welt einsetzen zu lassen, dann könnte uns das motivieren, was Gott den Israeliten in Jeremia 51,11-12+27 sagt:

»Schärft die Pfeile!
Nehmt die Schilde!
Richtet euer Feldzeichen vor den Mauern Babylons auf!
Verstärkt die Wachen!
Stellt Beobachtungsposten auf!
Gebt das Zeichen zum Angriff gegen Babylonien!
Alle Völker sollen die Trompeten blasen.«

Vorschläge fürs Gespräch

1. *Sprechen Sie über die geistlichen Symbole, die für Sie besonders wichtig sind.*
2. *Wenn Sie ein Symbol auswählen sollten, um den geistlichen Zustand Ihres Landes aufzuzeigen, welches würden Sie dann wählen und warum?*
3. *In seiner Bergpredigt (Matthäus 5-7) sagt Jesus, dass wir »Salz« und »Licht« sein sollen. Schauen Sie in Kapitel 5 in*

den Versen 13-16 nach und überlegen Sie, was das heißen könnte.

4. *Eines Tages werden alle Völker vor Gott kommen. Lesen Sie die letzten Verse im Buch des Propheten Micha (Kapitel 7, Verse 16-20) und achten Sie auf die Verheißungen, die Gott, der gute Hirte, den Völkern und den Menschen macht, die sich ihm zuwenden.*

12. Die Zeit nutzen

Haben Sie auch manchmal das Gefühl, dass die Zeit Ihnen davonläuft oder gegen Sie spielt? Dass die Zeit einfach nicht ausreicht, um all das zu tun, was Sie tun müssten oder gern tun würden?

Ich habe kürzlich das Gleichnis von der Uhr gehört. Was, das kennen Sie nicht? Zugegeben: Es steht nicht in der Bibel.

Die besagte Uhr erlitt einen Nervenzusammenbruch, als sie anfing, sich auszurechnen, wie oft sie in ihrem Leben noch ticken würde: 120-mal pro Minute, 7200-mal pro Stunde und 172800-mal jeden Tag. Als die Uhr ausgerechnet hatte, dass sie noch über 630 Millionen Mal in zehn Jahren ticken würde, erlag sie ihrer Verzweiflung und landete in der Uhrmacherwerkstatt. Nachdem die notwendigen Reparaturen vorgenommen worden waren, schöpfte sie neuen Mut. Denn während sie nutzlos herumgelegen hatte, war ihr eingefallen, dass sie einfach nur ein ums andere Mal zu ticken brauchte, wenn sie wieder auf dem Regal stand. Immer nur das nächste Mal!

Manchmal ist der Gedanke an all das, was man zu tun hat, so niederschmetternd, dass man versucht ist, aufzugeben und gar nichts mehr zu tun. In solchen Situationen hilft es, sich daran zu erinnern, dass wir ohnehin nur eine Aufgabe nach der anderen erledigen und einen Tag nach dem anderen leben können, immer der Reihe nach.

Ob es uns gefällt oder nicht, offenbar regelt die Zeit unser Leben.

Bei genauerer Beobachtung unserer Sprache könnte man meinen, dass wir völlig beherrscht werden von der Zeit:

Wir sprechen von »Zeit haben«, »Zeit finden«, »sich Zeit nehmen«, es ist die Rede von »gewonnener Zeit« oder »verlorener Zeit« oder gar von »vergeudeter Zeit«. Wir fragen: »Hast du Zeit?« oder »Bleibt noch Zeit genug?« und es gibt sogar eine Wochenzeitung mit dem Titel »Die Zeit«.

Manche sprechen von der »Tyrannei der Zeit«, oder sie sind der Meinung, dass »die Zeit drängt«, dann wieder heißt es, dass »keine Zeit zu verlieren« ist. Das alles ist sehr erschreckend.

In manchen Teilen der Welt jedoch hat man den Eindruck, dass dort die Zeit viel langsamer vergeht. Auf den Südseeinseln oder in bestimmten Teilen Afrikas könnte man meinen, dass dort Zeit anders funktioniert als bei uns. Das ist natürlich nicht der Fall, denn die Zeit ist überall gleich, nur die Einstellung der Menschen dazu ist unterschiedlich. Die Menschen auf den Südseeinseln versuchen gar nicht, möglichst viel in einen Tag oder in eine Stunde hineinzupacken. Sie hetzen nicht von einem Programmpunkt zum nächsten, nur um Termine einzuhalten.

Es ist interessant zuzuhören, wenn sich eine Bekannte von mir, die Missionarin war, an ihre erste Zeit in Afrika erinnert. Gleich zu Beginn ihrer Tätigkeit musste sie Versammlungen in einer Reihe von Dörfern organisieren. Eines Tages schickte sie eine Nachricht an den Pastor einer Gemeinde, in der sie ihm mitteilte, dass sie am folgenden Dienstag kommen und für zehn Uhr vormittags eine Versammlung ansetzen werde. Sie kam um 9.50 Uhr in dem Dorf an und ging direkt zur Kirche. Als sie dort niemanden antraf, ging sie ins Haus des Pastors direkt nebenan, wo sie von dessen Frau herzlich begrüßt und hereingebeten wurde. Ein paar Minuten später kam der Pastor selbst von der Feldarbeit zurück. Er war hocherfreut, sie zu sehen, und bat sie, doch Platz zu nehmen und ein wenig zu plaudern.

Der Pastor und seine Frau fragten: »Geht es Ihnen gut?«

»Ja, es geht mir gut«, antwortete sie.

»Ist zu Hause alles in Ordnung?«

»Ja, zu Hause ist alles in Ordnung.«

»Haben Sie schon gegessen?«

»Ja, vielen Dank.« Und so wurden weiter Freundlichkeiten ausgetauscht.

Die Missionarin wurde langsam unruhig, und als ein paar weitere Dorfbewohner kamen, setzten sie sich dazu und tauschten ebenfalls Höflichkeiten aus. Nach einer Weile fragte die Missionarin: »Wann soll denn die Versammlung beginnen?«

»Ach, wenn alle da sind.«

»Und wann, glauben Sie, wird das sein?«

»Wenn sie so weit sind«, kam die Antwort.

Der Missionarin wurde klar, dass sie eine neue Einstellung zur Zeit gewinnen musste, wenn sie mit diesen Menschen arbeiten wollte. Sie durfte ihre Uhr nicht mehr so wichtig nehmen.

Die Afrikaner hatten ein völlig anderes Zeitverständnis als sie selbst. Zeit wurde in Verbindung gebracht mit Dunkelheit und Licht, mit den Jahreszeiten oder mit Geburt und Tod. Die Menschen dort betrachteten Zeit als einen Kreislauf und nicht als gerade verlaufende Linie.

Sie unterteilte die Zeit in Vergangenheit, Gegenwart und Zukunft, während die Afrikaner eher von »heute« sprachen. Schon bald stellte sie fest, dass die Menschen die Strecke zwischen zwei Orten als einen »Tagesmarsch« bezeichnen, anstatt sie in Kilometern anzugeben!

Die Missionarin fuhr in ihrem Bericht fort: »Uhrenorientierte Missionare, die in eine ereignisorientierte Gesellschaft gehen, müssen ihr Denken und ihren Lebensstil erheblich umstellen. Was ich vielleicht als Verzögerung wahrnehme, ist für Afrikaner Zeit, die sie für in ihren Augen wesentliche

Dinge einsetzen. So ist für sie eine Stunde, die mit Begrüßungsritualen verbracht wird, niemals vertane Zeit, sondern ein Zeichen der Achtung.«

Und sie fügte noch hinzu: »Es mag wie Zeitverschwendung scheinen, stundenlang dazusitzen und scheinbar nichts zu tun, aber es ist kein Nichtstun, sondern es ist einfach ›Sein‹. Bei den Menschen zu sein in ihrem Glück oder ihrem Kummer, das ist in Afrika genauso sehr ein ›Tun‹ wie jede andere Aktivität.«

In seinem Brief an die Gemeinde von Ephesus fordert Paulus die Christen dort eindringlich auf: »Kauft die Zeit aus« (5,16; nach Luther). Er appelliert an sie, die Zeit gut zu nutzen und das Beste daraus zu machen.

Manchmal besteht dieses »Beste« darin, schwer zu arbeiten und geschäftig zu sein; manchmal bedeutet es aber auch, einfach still zu sein, sich ruhig zu verhalten und nichts zu tun. Manchmal bedeutet es, Dinge für sich selbst zu tun, und dann wieder, anderen Zeit zu widmen und Menschen und Beziehungen an erste Stelle zu setzen.

Manchmal müssen wir bewusst freie Stunden und Tage, Feste und Zusammenkünfte in unser Leben und das unserer Familie einplanen, sonst kann es passieren, dass uns irgendwann nur noch die Uhr bestimmt.

Wenn wir uns von der Uhr bestimmen lassen, dann hat das zur Folge, dass wir nicht genügend Zeit haben, die schönen Dinge wahrzunehmen, Menschen so zu sehen, wie sie sind, und dauerhafte Beziehungen zu bauen.

- Wenn wir nicht die Zeit haben, Menschen als Menschen zu sehen und dauerhafte Freundschaften zu schließen, dann drosseln wir besser das Tempo, weil wir zu schnell sind.
- Wenn wir keine Zeit mehr haben, uns an den schönen Dingen um uns herum zu erfreuen, dann drosseln wir besser das Tempo, weil wir zu schnell sind.

- Wenn wir so sehr mit Erfindungen und »Fortschritt« befasst sind, dass wir keine Zeit mehr haben, uns an der Schöpfung zu freuen und Bewährtes zu erhalten und zu beschützen – dann drosseln wir besser das Tempo, weil wir zu schnell sind.
- Wenn wir so sehr damit beschäftigt sind, uns immer mehr Wissen anzueignen, dass wir keine Zeit mehr haben, zu überprüfen und auszuprobieren, was wir gelernt haben – dann drosseln wir besser das Tempo, weil wir zu schnell sind.
- Wenn wir ständig auf dem Sprung sind von einer Sache zur nächsten und keine Zeit mehr haben, still zu sein – dann drosseln wir besser das Tempo, weil wir zu schnell sind.
- Wenn wir so sehr mit dieser Welt beschäftigt sind, dass wir keine Zeit mehr haben, an die künftige Welt zu denken – dann drosseln wir besser das Tempo, weil wir zu schnell sind.
- Und wenn wir so sehr damit beschäftigt sind, auf all die Stimmen um uns her zu hören, dass wir keine Zeit mehr haben, auf die Stimme Gottes zu hören – dann drosseln wir besser sofort das Tempo, weil wir zu schnell sind.

Vielleicht können wir nicht den Lauf der Zeit bremsen, aber ganz sicher können wir uns selbst dazu ermahnen, unsere Einstellung zur Zeit zu ändern. Das kann dazu führen, dass wir andere Prioritäten in unserem Leben setzen und für uns entscheiden, was wirklich wichtig ist.

In seinem Roman »Merry-Go-Round in the Sea« (Karussell am Meeresgrund) lässt Randolph Stowe den sechsjährigen Rob sagen: »Es wird nie wieder heute sein!« Das ist ganz offensichtlich wahr.

Diesen heutigen Tag wird es nie wieder geben. Und während Sie dieses Kapitel lesen, läuft die Zeit weiter, und Sie können daran nichts ändern. Zeit kann weder rückgängig gemacht noch ersetzt werden, aber sie kann »ausgekauft«, kann klug genutzt werden.

Im Griechischen gibt es zwei Worte für den Begriff »Zeit«. Der eine ist »chronos«, von dem auch in unserer Sprache gebräuchliche Begriffe wie »chronologisch« oder »Chronometer« abstammen. Der andere Begriff ist »kairos«. »Chronos« bezeichnet die vergehende Zeit, die Minute um Minute weiterläuft. Das ist die Zeit, die wir nicht anhalten können und die uns erbarmungslos mit sich zieht.

»Kairos« dagegen bedeutet »besondere Zeit«, »wichtige Zeit«, die »richtige Zeit« oder eine »Zeit der Gelegenheit oder Möglichkeit«.

»Kairos«-Augenblicke sind die Momente, die dem »Chronos« Bedeutung und Sinn geben: ein Fest in der Familie; ein Strandspaziergang mit einem Kind; bei jemandem sitzen, der einsam ist; eine wichtige Entscheidung fällen; einen Sonnenuntergang betrachten.

Das Wort »Kairos« wird im Neuen Testament häufig verwendet, wenn es um einen ganz besonderen, bedeutungsvollen Augenblick geht, in dem wir unsererseits mit Liebe auf die Liebe Gottes antworten. In 2. Korinther 6,2 heißt es: »Genau diese Zeit ist jetzt da, der Tag der Rettung ist nun gekommen.« Der Verfasser des Hebräerbriefes weist in den Kapiteln 3 und 4 ständig auf Vers 8 in Psalm 95 hin, wo es heißt: »Hört jetzt auf das, was er euch sagt: ›Verschließt eure Herzen nicht!‹«

Dieser große Gott, der Schöpfer der Welt, ist auch unser Hirte, und sowohl der Verfasser des Hebräerbriefes als auch der Psalmist fordern uns eindringlich auf, unser Herz nicht zu verschließen, wenn dieser Gott zu uns spricht, sondern noch heute zu reagieren und uns ganz und gar auf ihn einzulassen.

Der großartigste und folgenschwerste »Kairos« ist der

Augenblick, in dem wir auf die Liebe Gottes zu uns antworten und uns ihm ausliefern. Es ist ein Ehrfurcht gebietendes Ereignis, das Zeit und Ewigkeit eine neue Bedeutung gibt.

Eine Freundin von mir erlebte vor etlichen Jahren als junge Frau einen solchen »Kairos«-Augenblick. Es war in den 70er Jahren, und sie arbeitete als erfolgreiche Geschäftsfrau in New York. Als sie eines Tages nach der Mittagspause auf dem Rückweg in ihr Büro war, bemerkte sie eine Gruppe sehr bunt gekleideter Leute, die Gitarre spielten und dazu sangen. Außerdem sah sie, dass die Leute Buttons trugen, und weil sie neugierig war, trat sie so nah heran, dass sie die Aufschrift auf einem der Buttons lesen konnte.

Dort stand: »Smile – Gott liebt dich!« Weil ihr die Situation sehr peinlich war, eilte sie schnell weiter.

Ein Mann hielt sie jedoch auf und sagte: »Hallo, wollten Sie mit mir sprechen?« Ihre Anwort kam sehr heftig: »Nein!« Er reagierte darauf aber nur mit einem Lächeln und sagte: »Ich heiße Larry Norman, und Sie?«

Susan hatte keine Ahnung, wer Larry Norman war. Sie wusste nicht, dass sie einen der Leiter der »Jesus Bewegung« vor sich hatte, also nannte sie nur kurz ihren Namen und wollte dann weitergehen. Larry sagte, dass sie eine Reihe von Konzerten in New York gäben, und lud Susan dazu ein. Sie dankte ihm, ohne als Jüdin jedoch auch nur in Erwägung zu ziehen, in ein christliches Konzert zu gehen.

Ein paar Tage später beschloss sie aus lauter Neugier, doch zu gehen, allerdings ohne sich dort zu erkennen zu geben. Ihr gefiel die Musik, und sie fand das, was die Leute zu sagen hatten, auch sehr interessant, aber für ihre jüdischen Ohren war der Gedanke, dass Jesus wirklich der von Gott verheißene Messias sein sollte, einfach zu viel. Am Ende der Veranstaltung gab es für die Zuhörer die Möglichkeit, Jesus ihr Leben anzuvertrauen. Wer wollte, konnte dazu nach vorn gehen und mit einem der Mitarbeiter sprechen. Aber Susan mischte sich unauffällig unter die Menge und ging nach Hause.

Ihr ging das, was sie auf dem Konzert über Jesus gehört hatte, jedoch nicht aus dem Kopf. Und am folgenden Sonntag suchte sie sich deshalb eine christliche Kirche und ging in den Gottesdienst. Sie blieb nicht bis zur Predigt, sondern ging stattdessen wieder hinaus auf das Gelände der Kirche, wo sie ganz allein saß und nachdachte. Sie empfand einen unglaublichen Frieden und war sich mit einem Mal hundertprozentig sicher, dass Jesus wirklich der Messias war. Dann übergab sie dort ganz für sich in der Stille des Kirchengeländes ihr Leben Jesus.

Mitten im Abschlusschoral kam sie in den Gottesdienst zurück und setzte sich in eine der hinteren Reihen. Als sie am Ende des Gottesdienstes aufstand, sagte die Frau, die neben ihr saß: »Sie haben gerade Jesus als Ihren Erlöser angenommen, stimmt's?« Susan war ziemlich verblüfft über die Frage und fragte zurück: »Woher wissen Sie das?« Worauf die Fremde antwortete: »Na, Sie strahlen so!«

Dieser Augenblick, in dem Gott zu Susan sprach, war ein »Kairos«-Augenblick – ein besonderer Zeitpunkt, ein bedeutsamer Zeitpunkt, ein lebensverändernder Zeitpunkt, der dem »Chronos« ihres Lebens Sinn gab. Susans Hauptaufgabe besteht inzwischen darin, die Botschaft von Jesus als dem verheißenen Messias an andere Juden weiterzugeben, damit auch deren Leben sich so verändern kann wie ihr eigenes.

Haben Sie in Ihrem Leben schon einmal einen solchen »Kairos«-Augenblick erlebt? Einen Augenblick, in dem Ihnen völlig klar war, dass Jesus Gottes Sohn ist, der eine, den Gott gesandt hat, um uns den Weg zu unserem Schöpfer zu zeigen? Haben Sie auch schon darüber gestaunt, dass Jesus der eine ist, durch dessen Tod am Kreuz unsere Sünden vergeben sind, durch den wir für immer und ewig ein Kind Gottes werden, wenn wir uns auf diese Liebe Gottes einlassen und sie annehmen?

Vielleicht möchten Sie ein paar Minuten still werden und darüber nachdenken. Es wird mehrere »Kairos-Momente« in Ihrem Leben geben, aber dieser eine, der gerade jetzt, könnte der entscheidende, der bedeutsamste sein.

Es könnte der Augenblick sein, in dem Sie »durch die Tür« in das ewige Reich Gottes hineingehen, während sie an die Worte aus Johannes 10,9 denken, wo Jesus sagt: »Ich bin die Tür; wer durch mich hineingeht, wird gerettet werden« (Einheitsübersetzung).

Vorschläge fürs Gespräch

1. *Sammeln Sie ein paar Aussagen oder Sprichwörter zum Thema »Zeit«.*
2. *Zeichnen Sie das Zifferblatt einer Uhr und setzen Sie die Zeiger auf einen Zeitpunkt, der für Sie persönlich einmal sehr wichtig war. Warum haben Sie die Zeiger gerade auf diesen Zeitpunkt gestellt?*
3. *Als Königin Elizabeth I. von England starb, rief sie aus: »All meine Besitztümer für einen Augenblick Zeit!« Was glauben Sie, hat sie damit gemeint?*
4. *Lesen Sie Hebräer 10,19-25. Notieren Sie ein paar der Vorschläge, die hier gemacht werden, wie man seine Zeit für wirklich wichtige Dinge nutzen kann.*

13. Eine wichtige Entscheidung treffen

In dem Kinderbuchklassiker »Alice im Wunderland« begegnet die kleine Titelheldin auf ihrer Reise auch einer Katze.

»Könntest du mir bitte sagen«, fängt sie ziemlich schüchtern an, »welchen Weg ich von hier aus gehen soll?«

»Das hängt so ziemlich davon ab, wohin du willst«, sagt die Katze.

»Das ist mir eigentlich ziemlich egal ...«, entgegnet Alice.

»Dann ist es auch egal, in welche Richtung du gehst«, erwidert die Katze.

Das Dilemma, in dem Alice hier steckt, hat Ähnlichkeit mit dem, was John Lennon zum Ausdruck bringen wollte, als er sagte: »Wie soll ich wissen, welchen Weg ich gehen soll, wenn ich nicht weiß, wo ich stehe?«

Wenn man nicht weiß, wo man steht oder wohin man möchte, ist es ziemlich schwierig, überhaupt einen Anfang zu machen. Vor einer Reise bestimmt man doch in aller Regel zunächst das Ziel und überlegt dann, wie man am besten dorthin gelangt. Dieser Prozess erfordert ein wenig Zeit und Planung, und es scheint doch eigentlich ganz vernünftig, mit der Lebensreise genauso zu verfahren. Deshalb ist es auch gut, sich ab und zu einmal hinzusetzen und eine Bestandsaufnahme seines Lebens zu machen: Wo stehe ich gerade? Wohin will ich gehen? Wie gelange ich dorthin?

Eine solche Bestandsaufnahme erfordert Entscheidungen, und Entscheidungen sind nicht immer einfach zu treffen. Auch deshalb, weil wir fast immer viele Möglichkeiten haben.

Ich kann mich erinnern, dass ich als Kind zum Laden an der Ecke geschickt wurde, um ein Pfund Plätzchen zu kaufen. Dabei musste ich keine Entscheidung treffen, denn das tat die Ladenbesitzerin für mich. Sie nahm ein paar Plätzchen aus jedem Glas, wog die volle Tüte aus und sagte dann den Preis. Solche Erfahrungen gehören der Vergangenheit an. Heute müssen wir immer zwischen Dutzenden von Marken und Artikeln wählen, wenn wir einkaufen. Es gibt über 150 Plätzchensorten, und sie sind alle hübsch verpackt, um uns ins Auge zu fallen und unseren Appetit zu wecken.

Ich kann mich auch daran erinnern, dass ich einen Penny bekam, um mir ein Eis zu kaufen. Ich ging in denselben Laden an der Ecke, wo es auch die Plätzchen gab, und bestellte: »Ein Eis, bitte.« Es gab keine Auswahl. Es war immer eine Kugel Vanilleeis auf einer Waffel. Wenn Kinder heute Eis kaufen, haben sie eine geradezu qualvoll große Auswahl! Sie können zwischen etlichen unterschiedlichen Geschmacksrichtungen und Farben wählen und brauchen für diese Entscheidung oft viel Zeit. Und dabei werden sie häufig auch noch beeinflusst durch große Bildtafeln, auf denen die verschiedenen Sorten abgebildet sind, und alle sehen so lecker aus!

Heutzutage im Supermarkt einzukaufen kann ein Abenteuer sein oder ein Alptraum, je nachdem, ob man diese Auswahl mag oder nicht. Uns wird sogar ein eigener Einkaufswagen zur Verfügung gestellt, damit wir Sonderangebote nutzen können, die an jeder Ecke für uns aufgebaut sind. Sogar kleine Kinder können schon einen Einkaufswagen in ihrer Größe bekommen, meist mit einer bunten Fahne, die hoch über ihren Köpfen flattert, während sie auf große Entdeckungsfahrt gehen.

In mancher Hinsicht ist es spannend, so viele Möglichkeiten zu haben, wenn man eine Entscheidung treffen muss, aber das ungeheure Ausmaß der Möglichkeiten kann den Prozess des Auswählens auch sehr anstrengend machen und die Entscheidungen erschweren. Und je größer die Anzahl der Möglichkeiten, desto schwerer ist die Entscheidung.

Oft werden wir auch manipuliert, so dass wir Entscheidungen treffen, die wir eigentlich so nicht treffen wollten. Sind Sie schon einmal mit einem Einkaufszettel in den Supermarkt gegangen und mit mehr Dingen wieder herausgekommen, als sie eigentlich kaufen wollten? Das passiert sehr oft, weil uns eine Wahl geradezu aufgezwungen wird, indem jemand sagt: »Probieren Sie doch dies einmal«, oder durch große Schilder mit der Aufschrift »Sonderangebot« oder »Zwei für einen Preis« oder »einmaliges Schnäppchen«.

Manchmal werden wir auch durch hübsche Verpackungen oder ein neues Produkt zum Kauf verführt.

Wenn wir eine Wahl treffen müssen – nicht nur in Bezug auf das, was wir kaufen oder essen wollen, sondern in Bezug auf die Richtung, die unser Leben nehmen soll –, lockt uns ein glanzvolles Äußeres. Und später stellen wir dann vielleicht fest, dass das, was wir ausgesucht haben, eine Mogelpackung ist, unbefriedigend und vielleicht sogar schädlich für uns.

In Shakespeares Stück: »Der Kaufmann von Venedig« gibt es eine interessante Szene. Es ist die »Kästchen-Szene«, in der Portia, eine wohlerzogene junge Frau aus vornehmem Hause, einen von drei jungen Männern zum Ehemann bekommen soll. Drei Kästchen aus Metall werden aufgestellt, und in einem davon ist ein Porträt von ihr. Der junge Mann, der dieses Kästchen aussucht, soll sie zur Frau bekommen. Auf dem goldenen Kästchen steht: »Wer mich erwählt, gewinnt, was mancher Mann begehrt«, auf dem silbernen: »Wer mich erwählt, bekommt so viel, wie er verdient«, und auf dem Bleikästchen: »Wer mich erwählt, der gibt und wagt sein Alles dran.«

Der Prinz von Marokko, der sich vom äußeren Schein des goldenen Kästchens verlocken lässt, findet darin ein Gerippe mit den Worten: »Es ist nicht alles Gold, was glänzt«. Der Prinz von Aragon entscheidet sich für das silberne Kästchen und findet darin »eines Gecken Bild, der blitzt und mir ’nen Zettel reicht«.

Bassiano, der junge Mann, den Portia liebt, und den sie sich als künftigen Ehemann erhofft, schaut sich zunächst jedes Kästchen genau an und liest sorgfältig die Aussagen darauf durch. Bevor er eine Wahl trifft, sinnt er noch über die Tatsache nach, dass die Welt sich häufig vom äußeren Schein täuschen lässt und dass der größte Schatz oft in den ganz einfachen Dingen zu finden ist. Nach reiflichem Überlegen wählt er das Bleikästchen und findet darin das Porträt von Portia.

Man lässt sich nur allzu leicht von Äußerlichkeiten täuschen und fällt Entscheidungen nach dem Augenschein. Oft führt das jedoch nicht weit. Wägt man erst sorgfältig alle Möglichkeiten gegeneinander ab, kommen dabei meist weisere Entscheidungen heraus.

Oft wird unsere Wahl auch durch andere Menschen beeinflusst, und der unausgesprochene oder direkte Druck, den sie ausüben, kann sich sehr stark auf unseren Entscheidungsprozess auswirken.

Pontius Pilatus traf eine Entscheidung unter dem Druck der Masse. Er fragte: »Was soll ich tun mit diesem Jesus, den sie Christus nennen?«

»Kreuzige ihn!«, war die Antwort der Menge.

»Aber warum, was hat er Böses getan?«, fragte Pilatus als Nächstes. Er wusste, dass Jesus nicht den Tod verdient hatte, und er zögerte, seine Hinrichtung anzuordnen. Als die Menge jedoch nicht nachgab und ihn weiter bedrängte, ließ er sich überreden. Wie oft haben schon die Stimmen der Masse in unserem Leben die Oberhand gewonnen, wenn wir wichtige Entscheidungen zu treffen hatten? Bei jungen Leuten spricht man dann gern von »Gruppenzwang«. Man versucht, sie von der Notwendigkeit zu überzeugen, Situationen zunächst sorgfältig zu überdenken. Man möchte gern, dass sie sich Rat holen bei der Familie, in der Gemeinde oder bei Freunden, statt vorschnell und unüberlegt zu entscheiden und dabei eine schlechte Wahl zu treffen.

Es ist schwer, Entscheidungen zu treffen, wenn man mit seiner Meinung allein dasteht, und besonders dann, wenn die Folgen dieser Entscheidung aller Voraussicht nach sehr schmerzlich sein werden.

Eine junge Vietnamesin wurde kürzlich verhaftet wegen des Verdachtes, den christlichen Glauben verbreitet zu haben. Sie und noch drei weitere Frauen hatten mit einigen Dorfbewohnern gesprochen und ihnen eine bestimmte Bibelstelle erklärt. Jemand von diesen Leuten sah die Soldaten kommen und warnte die Frauen. Die anderen drei packten schnell ihre Bibeln zusammen und liefen weg, so dass die Frau ganz allein den Soldaten gegenüberstand. Sie wurde festgenommen und ins Gefängnis gebracht. In der Gerichtsverhandlung fragte der Richter die Soldaten, die die junge Frau verhaftet hatten: »Haben Sie denn eine Bibel bei ihr gefunden?«

»Nein«, lautete die Antwort.

»Haben Sie gehört, dass sie den Namen Jesus Christus erwähnt hat?«

Und wieder antworteten sie: »Nein.«

»Nun«, sagte der Richter, »ich kann keinen Beweis dafür finden, dass sie Christin ist.« Und es blieb ihm nichts anderes übrig, als sie freizulassen.

»Aber das bin ich«, rief da die junge Frau, »ich bin Christin, und lassen Sie mich auch erklären, warum.« Dann erklärte sie, warum sie glaubte, und wurde daraufhin zu sechs Monaten Gefängnis verurteilt!

Sie hätte auch einfach den Mund halten können und wäre frei gewesen, aber sie traf die Entscheidung, zu reden und ihren Glauben zu bekennen, selbst wenn das für sie eine Gefängnisstrafe nach sich ziehen würde.

Geschichten wie diese von Menschen auf der ganzen Welt, besonders von Menschen, die unter sehr schwierigen Bedingungen leben, sind eine enorme Ermutigung für uns, wenn wir vor der Entscheidung stehen, unseren Glauben an Gott zu bekennen oder lieber zu schweigen.

Einige Länder der Welt werden als für das Evangelium »verschlossen« bezeichnet. Das ist eine unglückliche Formulierung, denn es ist klar, dass es kein Land gibt, das für Gott oder das Wirken des Heiligen Geistes verschlossen wäre. In einem solchen Land hörte ein Diener in einem reichen Haushalt, dass die Hausherrin schwer erkrankt sei. Bis dahin hatte er als heimlicher Christ über seinen Glauben geschwiegen, weil es mit dem Tode bestraft wurde, über Jesus zu sprechen. Jetzt spürte er jedoch, dass ihm die kranke Frau als Anliegen aufs Herz gelegt war, und so fragte er ihren Sohn, ob er an ihrem Bett für sie beten dürfe.

Der junge Mann, dem natürlich daran gelegen war, jede erdenkliche Hilfe für seine Mutter in Anspruch zu nehmen, willigte ein und führte den Diener in das Zimmer der Mutter. Der Diener betete am Bett der Frau – und sie wurde wieder gesund. Sie und ihr Sohn waren dem Diener so dankbar, dass sie ihm immer wieder heimlich Fragen stellten über den Gott, zu dem er gebetet hatte.

Der Sohn, der einen Privatjet besaß und häufig nach Europa reiste, war bereit, seiner Mutter von dort christliche Literatur mitzubringen, wann immer er dort war.

Die Nachricht von dem Gott, der liebt und heilt, breitete sich rasch im ganzen Land aus, aber ebenso schnell war auch der Glaube des Dieners in aller Munde. Er wurde verhaftet, angeklagt und vor Gericht gestellt. Der junge Mann, dessen Mutter geheilt worden war, warnte den Diener davor, bei der Verhandlung den Namen Jesus zu erwähnen und sagte: »Dir kann nichts passieren, solange du nur von Gott redest und den

Namen Jesus nicht erwähnst.« Als der Mann dann jedoch auf der Anklagebank saß, verkündete er laut und vernehmlich: »Ich glaube an Jesus Christus, dem Sohn Gottes!« Das reichte aus für eine Verurteilung. Einer seiner Ankläger sagte jedoch, er habe gehört, Jesus könne wirklich heilen, und so fasste der Richter den Beschluss, die Richtigkeit dieser Aussage zu überprüfen, indem er einen an Diabetes erkrankten Mann in den Gerichtssaal bringen ließ. Der Kranke wurde hereingebracht, der Christ betete, und der Diabetiker war geheilt. Ein Arzt bestätigte, dass es keine Anzeichen für die Krankheit mehr gäbe, und so wurde der Christ freigelassen.

Im Zeitalter der Technologie ist manchmal von »programmierten« und »nicht programmierten« Entscheidungen die Rede. Das sind Begriffe aus der Computersprache. Beim Programmieren werden Informationen eingegeben, damit ein bestimmtes Resultat erzielt werden kann. Ein Roboter wird so programmiert, dass er auf eine bestimmte, festgelegte Weise reagiert. Er muss nicht erst überlegen: »Will ich das oder will ich das nicht?«, sondern er reagiert automatisch auf Befehle. Das ist nun nicht unbedingt etwas Schlechtes! Roboter, die eine eigene Meinung hätten, könnten wegen ihrer Unberechenbarkeit zu einem Ärgernis oder gar zu einer Gefahr für sich und andere werden.

Wenn wir an unser eigenes Leben denken, werden wir feststellen, dass wir eine ganze Reihe von Entscheidungen, die immer wieder anstehen, automatisch treffen. Wir treffen sie, ohne nachzudenken – als wären sie einprogrammiert. Zum Beispiel stehen wir fast immer zur gleichen Zeit auf, erledigen bestimmte Handgriffe in derselben Reihenfolge und durchlaufen den Tag in ziemlich geordneten und berechenbaren Bahnen. Wenn wir uns bei jedem Handgriff erst fragen würden: »Mache ich das lieber jetzt oder erst später?«, oder:

»In welcher Reihenfolge soll ich all das tun, was ich mo gewöhnlich zu tun habe?«, oder: »Es ist Frühstückspa Soll ich etwas essen oder nicht?«, dann würden wir dadurch viel unnötigen Druck und Anspannung hervorrufen. Solche programmierte Entscheidungen sind eigentlich eine große Hilfe, denn sie entlasten uns von einigen der Probleme, die wir hätten, wenn wir bei jeder Kleinigkeit wieder neu überlegen und einzeln entscheiden müssten. Programmierte Entscheidungen können das Leben sehr erleichtern, und wir brauchen sie, um Ordnung und Stabilität zu erlangen.

Solche Entscheidungen sind nicht schwierig, denn wir haben sie eigentlich bereits getroffen, bevor sie konkret anstanden, und so waren die Alternativen bereits eingegrenzt.

Oft sind wir jedoch auch mit »nicht programmierten« Entscheidungen konfrontiert, und dann kann es sehr schwierig werden. Eine »nicht programmierte« Entscheidung ist eine Entscheidung, die wir zuvor entweder noch gar nicht oder aber nicht in dieser Form getroffen haben, und deshalb wissen wir nicht genau, wie wir reagieren oder in welche Richtung wir uns bewegen sollen. Manchmal sind wir bei solchen neuen Entscheidungen durch Programmierungen beeinflusst, die bei ähnlichen Entscheidungen bereits stattgefunden haben oder zu denen eine enge Verbindung besteht. Dazu noch einmal ein Beispiel aus dem Supermarktszenario: Wenn wir Kekse kaufen wollen und vor einer Auswahl von hundert verschiedenen Sorten stehen, dann ist die Wahrscheinlichkeit sehr groß, dass wir uns für die Sorte entscheiden, die wir schon x-mal gekauft haben.

Warum das so ist? Weil wir diese Sorte schon einmal probiert haben und sie uns schmeckt. Wir kaufen sie oft; wir haben bereits eine Vorliebe für sie entwickelt.

Stellen Sie sich nur einmal vor, wie lange ein Einkauf im Supermarkt dauern würde, wenn jede Kaufentscheidung unprogrammiert fallen müsste. Wir würden Tage dort verbringen.

Problematisch wird es allerdings, wenn jemand in dem Geschäft sagt: »Hier, versuchen Sie doch mal diese Sorte; die sind einfach köstlich.« Dann müssen wir bei unserer Entscheidung einen neuen Faktor berücksichtigen, und eine solche Entscheidung ist dann wiederum nicht so einfach, wie es eine programmierte gewesen wäre.

Wir müssen in unserem Leben viele Entscheidungen treffen, und zwar in einer Vielzahl unterschiedlicher Situationen. Auf manchen Gebieten – besonders auf dem moralisch-ethischen – kann es überaus nützlich sein, einige der Themen im Voraus zu durchdenken und zu Folgerungen zu kommen. Das kann besonders dann hilfreich sein, wenn man weiß, dass man künftig mit Entscheidungen zu tun haben wird, die in diesen Bereich fallen.

Wenn wir bestimmte Themen noch nicht durchdacht haben, die mit unseren moralischen Grundsätzen und mit unserem Verhalten zu tun haben, dann sind wir leicht irritiert und werden unruhig, wenn wir plötzlich mit einer Situation und mit Alternativen konfrontiert sind, die wir zuvor gar nicht in Betracht gezogen haben. Es besteht dann die Gefahr, dass wir uns beim unerwarteten Auftreten der Situation nicht so sehr leiten lassen durch das, was wir selbst für richtig halten, sondern vielmehr dem Druck der anderen nachgeben, uns für eine bestimmte Lösung zu entscheiden.

Wir brauchen im Leben sowohl programmierte als auch unprogrammierte Entscheidungen. Wenn alle Entscheidungen programmiert wären, wäre das Leben zu berechenbar, zu durchgeplant und ziemlich langweilig. Wären jedoch alle Entscheidungen unprogrammiert, brächte das Leben einfach zu viel Unsicherheit und Verwirrung mit sich. Wir brauchen hier ein gutes Maß an Ausgewogenheit.

Das Leben stellt uns vor viele verschiedene Alternativen,

und über manche davon müssen wir sehr gründlich nachdenken, weil unsere Entscheidungen Veränderungen mit sich bringen, von denen manche erhebliche Auswirkungen auf uns und andere haben.

Wenn wir unsere Entscheidungen treffen, müssen wir darauf achten, dass

- wir unter dem Druck der Umstände die Menschen aus dem Blick verlieren;
- materielle Dinge für uns nicht wichtiger werden als geistliche;
- es oft nicht nur um uns selbst geht, sondern auch um andere Menschen;
- es oft nicht nur um Menschen geht, sondern auch um Gott.

Jede Entscheidung ist wichtig – manche mehr, manche weniger; alle Entscheidungen bringen Veränderungen mit sich – manche größere und wesentlichere als andere. Aber die wichtigste Entscheidung, die man überhaupt treffen kann, ist die, vor der auch Pontius Pilatus stand, als er fragte: »Was soll ich tun mit diesem Jesus, der Christus genannt wird?«

Das ist die wichtigste aller Entscheidungen, weil es die einzige ist, die Auswirkungen auf die Ewigkeit hat. Alle anderen Entscheidungen – so wichtig sie auch sein mögen – wirken sich auf unser Hier und Jetzt aus. Sie haben Folgen für unser Leben auf dieser Welt. Die Entscheidung darüber, wie wir auf Gott reagieren und ob wir uns auf ihn einlassen, wirkt sich auf unser jetziges Leben und auf das künftige aus.

An der Existenz Gottes habe ich nie gezweifelt, obwohl mir Religion zu Hause, in der Schule und in der Gemeinde in strenger, harter und unbarmherziger Art und Weise und mit viel Druck vermittelt wurde. Dementsprechend sah mein Gottesbild aus. Als ich mit der Schule fertig war, war ich froh, diesen Druck los zu sein, und stellte Gott sozusagen aufs Abstellgleis. Jahre später lernte ich einen verheirateten Mann kennen, dessen Ehe zerrüttet war. Es kam die Scheidung und wir heirateten, durften uns aber nicht kirchlich trauen lassen. Ein Jahr später kam unser Sohn zur Welt. Er wurde mit einer Lippen-Kiefer-Gaumenspalte geboren und bekam dazu noch einen Tag später so starke Krämpfe, dass er sofort mit dem Hubschrauber in die Kinderklinik nach Heidelberg geflogen wurde. In meinem Kopf gab es nur einen Gedanken: Das ist eine Strafe Gottes für mich. Ich war sehr traurig und kein menschlicher Trost konnte mich erreichen. In mir stieg eine tiefe Sehnsucht nach Gott auf. Auf der Entbindungsstation gab es eine Kapelle. Dort zog es mich hin. Während ich die Tür einen Spalt öffnete, hörte ich in mir eine Stimme, die sagte: Du hast dich die ganze Zeit nicht um Gott gekümmert, als es dir gut ging. Du hast kein Recht dazu, jetzt anzukommen, wo es dir schlecht geht. Mit schlechtem Gewissen machte ich die Tür wieder zu und ging.

Einige Jahre später wurde der älteste Sohn meines Mannes Christ. Er fand eine Frau, die auch mit ihm den Weg mit Jesus Christus gehen wollte. Ihr Glaube war für mich unbekannt und nicht greifbar. Wieder hatte ich große Sehnsucht nach Gott. Das »Christsein« hat mich immer mehr interessiert. Ich nahm den Kontakt zu meiner Kirche wieder auf. Regelmäßig ging ich zu den Gottesdiensten und es gefiel mir dort sehr gut. Leider durfte ich durch die Scheidung nicht am Abendmahl teilnehmen. Das war für mich der Anlass, mich ganz von meiner Kirche zurückzuziehen.

Aber Gott ist mir nachgegangen. Er hat mein Herz und meine Sehnsucht gesehen.

Sechs Jahre später bekam ich eine Einladung zu einem Frühstückstreffen für Frauen. Durch den Besuch und den Bibelgrundkurs hat sich mein Bild von Gott und Jesus total geändert.

Ich durfte erkennen, dass eine kirchliche Institution und nicht Gott mich verurteilt hatte. Es wurde mir auch deutlich, dass es für jeden Menschen und damit auch für mich einen Weg zu Gott gibt, und zwar durch Jesus Christus. Er ist für meine Schuld und Sünde gestorben, damit ich befreit leben kann. Als mir das bewusst wurde, war ich überglücklich und bat Jesus Christus, in mein Leben zu kommen und die Herrschaft zu übernehmen. Es war der 7. 10. 1993. Und ER kam. Der Himmel hat sich für mich wieder geöffnet. Das war überwältigend und wunderbar. Seit dieser Zeit besuche ich wieder regelmäßig einen Gottesdienst. Es ist für mich kein Zwang mehr, sondern ein Bedürfnis, mehr von Gott zu erfahren.

Ich bin dankbar für alles Wirken Gottes im Leben meines Mannes und meines Sohnes. Auch sie haben Jesus Christus in ihr Leben eingeladen. Wir sind nun gemeinsam mit Gott unterwegs.

Im Alten Testament konfrontiert Josua das Volk Israel mit derselben Entscheidung. Nachdem er die Israeliten daran erinnert hat, was Gott alles für sie getan hat, stellt er sie vor eine Entscheidung: »Wenn es euch aber nicht gefällt, dem Herrn zu dienen, dann entscheidet euch heute, wem ihr gehören wollt ... Ich aber und meine Familie, wir wollen dem Herrn dienen.« Und die Antwort des Volkes lautete: »Auch wir wollen ihm dienen.« (Josua 24,15-18)

Die Entscheidung, ob wir unser Leben Gott übergeben wollen, indem wir durch die Tür des Glaubens hindurchgehen, ist eine ganz persönliche Entscheidung, wirkt sich aber oft auf die ganze Familie aus.

Ich bin mit einer finnischen Sinti befreundet, die als Angehörige einer verachteten Minderheit am Rande der Gesellschaft in Europa aufgewachsen ist. Sie erinnert sich noch gut daran, wie sie als Kind von anderen angespuckt und wie eine Aussätzige behandelt wurde. Sie war davon überzeugt, dass niemand ihr Volk liebte.

Eines Tages kam ganz unerwartet ein Ehepaar zu ihrer Familie zu Besuch, und die beiden sagten, sie seien gekommen, um der Familie zu sagen, dass Gott sie liebe. Sie erinnert sich noch genau daran, wie erstaunt sie war zu hören, dass es wirklich jemanden geben sollte, der die Sinti liebte. Und ebenso genau erinnert sie sich daran, mit welcher Herzlichkeit ihre Eltern und Großeltern das Ehepaar bei sich begrüßten und sich die Geschichte von der Liebe Gottes anhörten. Tuula, so heißt meine Freundin, erzählte, dass ihre Familie völlig offen war für diese wunderbare Nachricht und dass alle sich noch am selben Tag entschieden, Jesus nachzufolgen. So ist es bis auf den heutigen Tag geblieben. Heute ist Tuula eine geachtete christliche Leiterin, die anderen durch ihr Zeugnis dient und durch die großartige Gesangsstimme, die Gott ihr geschenkt hat.

Ein paar Jahre bevor Tuula und ihre Familie zum Glauben an Jesus Christus kamen, saß ein ganz junges Mädchen in einem anderen Teil Europas in einer Gemeinde und hörte sich den Vortrag eines Gastpredigers an. Er sprach darüber, wie wichtig es sei, die Gute Nachricht von der Liebe Gottes zu den vielen Sinti und Roma in ganz Europa zu bringen. Am Ende des Gottesdienstes wurde eine Kollekte eingesammelt für die Arbeit dieses Mannes unter den »Zigeunern«, und das junge Mädchen namens Herte gab alles Geld, was es besaß, in die Kollekte.

In der darauf folgenden Woche verkündete der Pastor, dass noch einmal für die Zigeunerarbeit gesammelt werde, und wieder gingen die Körbe herum. Herte hatte zwar schon in der Woche zuvor alles gegeben, was sie hatte, aber weil sie innerlich tief angerührt war und noch mehr beitragen wollte, riss sie ein kleines Stückchen Papier von einem Blatt ab, das sie zufällig bei sich hatte, riss es in Herzform zurecht und schrieb darauf: »Hertes Herz für die Zigeuner.« Den kleinen Zettel legte sie dann in die Kollekte.

Die Menschen, die zehn Jahre später an Tuulas Tür klopften, waren Herte und ihr Mann.

Tuula und ihre gesamte Familie antworteten auf die Liebe Gottes, und einer jungen Frau, die Jahre zuvor beschlossen hatte, Jesus nachzufolgen, wurde das Vorrecht zuteil, diese Liebe an die Familie weiterzugeben.

Die Entscheidung, Jesus nachzufolgen, gibt dem Leben hier auf der Erde Sinn und ganz sicher Hoffnung für das künftige Leben. Haben Sie diese Entscheidung bereits getroffen?

Vorschläge fürs Gespräch

1. *Nennen Sie eine wichtige Entscheidung, die Sie einmal getroffen haben.*

2. *Lesen Sie Markus 10,17-22. Der junge Mann, der das ewige Leben haben wollte, fragte Jesus, was er tun sollte.*
   a) Welche Antwort gab Jesus ihm?
   b) Wie reagierte der Mann darauf?
   c) Was sollte er nach den Worten Jesu sonst noch tun?
   d) Wie entschied er sich, als er die Wahl hatte?
   e) Welche unmittelbaren und welche langfristigen Folgen hatte seine Entscheidung?

3. *Wann haben Sie den Ruf Jesu gehört, ihm nachzufolgen? Waren Sie noch jung? Haben Sie ihn erst kürzlich gehört? Haben Sie ihn vor der Lektüre dieses Kapitels noch nie gehört?*
   Wie haben Sie geantwortet? Wie werden Sie jetzt antworten?

4. *Welche Folgen wird es haben, wenn Sie »Nein« sagen? Welche Folgen wird es haben, wenn Sie »Ja« sagen? Warum sagen Sie Jesus nicht jetzt gleich, dass Sie ihm nachfolgen wollen?*

14. Freude teilen

Ich denke manchmal darüber nach, worin eigentlich der Unterschied zwischen Glück und Freude besteht. Glück kann kommen und gehen und ist oft mit einem bestimmten Ereignis verbunden; es hat etwas Prickelndes, Überschäumendes. Freude dagegen ist offenbar dauerhafter, geht tiefer, und man muss nicht einmal glücklich sein, um sie zu empfinden.

In den vergangenen Monaten bin ich häufig und auch länger mit Frauen zusammen gewesen, die in Osteuropa unter dem Kommunismus gelebt haben, und von ihnen habe ich einige erstaunliche Geschichten über Situationen gehört, in denen sie ganz sicher nicht glücklich waren, aber dennoch große Freude verspürten, weil sie die große Gewissheit hatten, dass Gott bei ihnen war.

Zu diesen Frauen gehörte auch Christine aus Rumänien. Unter dem dort herrschenden, grausamen atheistischen Regime mussten Christen heimlich zusammenkommen. Wenn solche Zusammenkünfte entdeckt wurden, verhaftete die Polizei unweigerlich die Teilnehmer, misshandelte sie und hielt sie oft lange gefangen. Christines Mann war schon häufig verhaftet, verhört und eingesperrt worden, aber Christine erzählte uns jetzt von dem Tag, als statt seiner sie selbst und ihre vierjährige Tochter Dora festgenommen wurden.

Christine und Dora hatten Nahrungsmittel zu einer armen Familie gebracht und wurden im Hause der Nachbarin verhaftet und ins Polizeipräsidium gebracht. Die Polizei wollte zum einen wissen, wer die kleine Hausgemeinde leitete, und zum anderen die Namen der Leiter der Untergrundkirche in Rumänien erfahren. Vier Stunden lang wurde Christine verhört, aber sie gab die Informationen, an denen die Polizei Interesse hatte, nicht preis.

Im Laufe des Tages wurde das Verhör immer lauter und beleidigender, was die kleine Dora zunehmend beunruhigte. Da nahm Christine ein Blatt Papier und einen Stift, zeichnete einen Kreis auf das Blatt und schrieb in die Mitte des Kreises »Mami und Dora«. Dann zeichnete sie noch einen Kreis um den ersten herum und schrieb daneben: »Gott«. Sie wollte Dora versichern, dass sie nicht allein waren, weil Gott bei ihnen und um sie war. Außerdem sagte sie so laut sie konnte, damit auch die Wachen es hörten: »Dora, Gott ist bei uns; wir sind in Sicherheit. Gott wird uns niemals verlassen.«

Dora beruhigte sich, aber das Verhör ging genauso rücksichtslos und brutal weiter wie zuvor.

In einer Situation, in der von Glück keine Rede sein konnte, erlebten Christine und Dora großen Frieden allein durch die Gewissheit, dass Gott da war, ganz nah bei ihnen. Sie waren zwar in einer äußerst schwierigen Lage, aber sie waren nicht allein.

Als den Männern, die Christine verhörten, nach ein paar Stunden klar wurde, dass sie die Namen nicht preisgeben würde, versuchten sie es mit einer anderen Methode. Sie schrieben die Namen von Menschen auf, die sie unter Verdacht hatten, Leiter der christlichen Kirche zu sein, und forderten Christine auf, diese Liste zu unterschreiben. Aber auch das tat sie nicht. Nach weiteren Stunden des Verhörs – Christine hatte das Gefühl, dass es schon weit nach Mitternacht sein musste –, wurden sie und Dora auf einen langen Gang gebracht und dort allein in der Dunkelheit zurückgelassen. Natürlich fragte sich Christine, wann wohl die Polizisten zurückkämen und was als Nächstes passieren würde.

Als gar nichts geschah, beschloss Christine nach einer Weile, sich Orientierung darüber zu verschaffen, wo sie und

Dora überhaupt waren. Sie ertastete eine Türklinke, drückte diese ganz langsam und vorsichtig herunter und öffnete die Tür einen Spalt breit. Sie war ziemlich überrascht, als sie feststellte, dass die Tür ins Freie führte. Der Gang, in den man sie gebracht hatte, lag am Ende des Gebäudes und verfügte über einen Zugang zur Straße. Als sie durch den schmalen Türspalt lugte, bemerkte sie, dass genau vor der Tür ein Taxi parkte, und als sie die Tür noch ein wenig weiter öffnete, stellte sie fest, dass der Taxifahrer die Tür des Taxis einladend aufhielt. Christine nahm jetzt Dora bei der Hand, und sie stiegen schnell ein und fuhren nach Hause.

Christine sagte, es habe unter dem Kommunismus in Rumänien nur sehr wenige Taxis gegeben, und bestimmt hätte keines davon mitten in der Nacht vor einer geschlossenen Tür geparkt. Sie hatte keine Ahnung, wer der Taxifahrer war, und weil er auch keine Bezahlung forderte, schloss Christine, dass er ein von Gott gesandter Engel sein musste.

In Psalm 94,18 heißt es: »So oft ich dachte: ›Jetzt ist alles aus!‹, halfst du mir in Liebe wieder auf. Als quälende Sorgen mir Angst machten, hast du mich beruhigt und getröstet.« Christine und Dora erlebten in einer sehr beunruhigenden, heiklen Situation, die sie alles andere als glücklich machte, die tiefe Freude darüber, dass Gott bei ihnen war, und den tiefen Frieden, den seine Gegenwart immer mit sich bringt.

Es gibt einige wunderbare Bibelstellen, die an diesen Frieden erinnern, den Jesus schenkt:

- Lukas 1,79: »Dieses Licht wird allen Menschen leuchten, die in Nacht und Todesfurcht leben; es wird uns auf den Weg des Friedens führen.«
- Jesaja 26,3: »Herr, du gibst Frieden dem, der sich fest an dich hält und dir allein vertraut.«
- Epheser 2,14: »Durch Christus haben wir Frieden.«
- Kolosser 3,15: »Und der Friede, den Christus schenkt, soll euer ganzes Leben bestimmen.«

Eines der ermutigendsten Worte, die man in einer Predigt hören kann, ist das Wort »schließlich«, weil es normalerweise das Zeichen dafür ist, dass es jetzt nicht mehr lange dauern kann! Es ist allerdings erstaunlich, wie häufig das Verständnis des Predigers von diesem Begriff sich von dem der Zuhörer unterscheidet. Ganz sicher trifft das auf den Brief des Paulus an die Philipper zu. Er verwendet das entsprechende griechische Wort in Kapitel 3, Vers 1 und braucht dann für den Rest des Briefes noch einmal so lange, wie er bis zu dem Wort »schließlich« bereits gebraucht hat. Ich frage mich, ob das »schließlich«, das die Kapitel 3 und 4 einleitet, die Reaktion der Menschen auf die beiden ersten Kapitel des Briefes schon einbezieht. Im ersten Teil des Briefes erklärt Paulus den Menschen in Philippi nämlich, warum er sich selbst freut, und fordert dann die Philipper auf: »Freut euch!« Er erklärt, dass er sogar im Gefängnis Freude empfinden kann. Er freut sich, weil

- die Philipper mit ihm zusammenarbeiten bei der Verbreitung der Guten Nachricht von Jesus Christus;
- sie für ihn beten;
- der Heilige Geist wirkt;
- er, Paulus, dem Herrn gehört, egal, ob er lebt oder stirbt.

Am Anfang von Kapitel 3 sagt er, dass auch sie sich im Herrn freuen sollen, und in Kapitel 4 fordert er sie sogar nochmals eindringlich auf, sich zu freuen. Und dann wiederholt er es noch ein weiteres Mal, nur für den Fall, dass sie ihn beim ersten Mal nicht richtig gehört haben!

Im 4. Kapitel ermutigt er sie besonders, sich nicht zu sorgen, sondern all ihre Bitten vor Gott zu bringen. Das griechische Wort, das hier verwendet wird, heißt »merima« und bedeutet wörtlich übersetzt: »so sehr in Sorge, dass man verzweifelt«. Paulus sagt, dass ein Christ nie an diesen Punkt zu kommen braucht. Wir können uns vielleicht Sorgen machen über etwas oder jemanden, aber wir müssen nie in Gefahr geraten, daran zu verzweifeln. Wenn wir mit unserem Kummer und unseren Sorgen zu Gott kommen und ihm für all das danken, was er bereits getan hat und noch tun wird, dann wird er eine Festung um unser Herz und unser Denken errichten, und wir erleben einen Frieden, den nur Gott geben kann.

Paulus verspricht uns sowohl den »Frieden Gottes« als auch den »Gott des Friedens«. Uns wird nicht nur das Geschenk des Friedens angeboten, sondern darüber hinaus auch noch der Geber dieses Friedens. Was für ein unglaubliches Geschenk!

Und dieses wunderbare Geschenk ist es, das die Freude der Philipper entfachen wird.

Ich habe vor kurzem das Buch »Erinnerungen an die ›Zuflucht‹« von Hans Poley gelesen. Hans Poley war der Erste, der während des Zweiten Weltkrieges von Corrie ten Booms Familie in Holland versteckt wurde.

Nachdem er einige Jahre sicher in dem Versteck gelebt hatte, wurde er entdeckt, festgenommen und ins Hauptquartier der Gestapo gebracht. Als er voller Angst in der Vernehmungszelle saß, fühlte er sich unendlich einsam. Gleichzeitig befürchtete er, dass die Lüge, die er gerade erzählt hatte, um andere zu schützen, auffliegen würde. Er wandte sich im Gebet an Gott und erzählte ihm von seiner Angst. Später berichtete er, dass zwar weder ein Blitz oder Donner herabgefahren noch seine Handschellen abgefallen seien; aber ein tiefer Friede habe ihn fast sofort nach dem Beten erfüllt. Er wusste, Gott würde in jeder Situation bei ihm sein. Wut und Schrecken waren verflogen. Hans Poley fühlte sich in völliger Sicherheit. Trotz der Gefängnismauern um ihn herum empfand er ein unbeschreibliches Gefühl von Freiheit. Auch als er später in ein Konzentrationslager gebracht wurde, war er noch von derselben Gewissheit erfüllt, dass ihm niemand wirklich etwas anhaben konnte, weil Gott bei ihm war und ihn beschützte.

Hans Poley erlebte genau den Frieden, über den Paulus mit den Philippern sprach, die ja ebenfalls unter Verfolgung litten. Es war genau der Friede, von dem auch Christine und ihre Tochter berichteten.

Letztes Jahr hatte ich ein Gespräch mit einer jungen Frau aus Norwegen. Sie ist Leiterin einer Bibelschule, in der junge Frauen und Männer für den Dienst ausgebildet werden. Sie erzählte mir, dass ein paar Wochen zuvor – unsere Begegnung fand im Februar statt – eine Schülerin zu ihr gekommen sei, um ihr mitzuteilen, dass sie nicht weiter studieren und die Schule verlassen wolle. Sie begründete ihren Entschluss damit, dass sie gerade heftige persönliche Probleme hätte, die ihr sehr zu schaffen machten, und sie sei einfach zu traurig, zu besorgt und zu durcheinander, um die Ausbildung an der Schule fortzusetzen.

Die Schulleiterin, ihr Name war Hilde, war gerade auf dem Weg in die Andacht. Sie schlug der jungen Frau vor, mitzukommen und das Gespräch anschließend fortzusetzen. Zögernd willigte das Mädchen ein, sagte aber: »Ich komme mit in die Andacht, aber ich werde weder singen noch beten!«

Während der Andacht saß das Mädchen ganz in ihre Gedanken und Sorgen vertieft da, als sie jemanden sagen hörte: »Meine Augen ruhen auf dir.« Sie blickte auf, um festzustellen, wer sie angesprochen hatte, konnte aber niemanden entdecken. Die Andacht ging weiter. Und wieder hörte sie: »Meine Augen ruhen auf dir.« Und wieder schaute sie sich um, konnte aber wieder niemanden ausmachen, der mit ihr sprach.

Nach der Andacht erzählte sie Hilde, was passiert war und

sagte: »Ich bin zu dem Schluss gekommen, dass Gott mit mir geredet hat, und er hat gesagt: ›Ich weiß um all deine Probleme; ich weiß, wie sehr dich das alles bedrückt und belastet; aber du bist nicht allein.‹ Die Probleme sind jetzt nicht weg, aber ich habe das Gefühl, dass Gott sie kennt, denn während der Andacht habe ich einen unglaublichen Frieden empfunden. Gott schien in mir und um mich zu sein, und ich wusste, dass ich mit meinen Problemen nicht allein bin.«

Noch am selben Abend rief Hilde ihre Eltern an, was sie alle paar Tage tat. Sie unterstützten sie, indem sie regelmäßig für die Schüler und die Schule beteten. Hilde erzählte ihrer Mutter, was in der Andacht passiert war, und ihre Mutter staunte nicht schlecht. »Hilde«, sagte sie, »was du mir da gerade erzählst, ist ziemlich merkwürdig. Als ich heute Morgen in der Bibel gelesen und gebetet habe, habe ich Psalm 145 aufgeschlagen. Ich beschloss, einen der Verse zu meinem Gebet zu machen, und entschied mich für Vers 20, wo es heißt: ›Gott bewahrt alle, die ihn lieben.‹ Und mein Gebet lautete: ›Herr, lass doch deine Augen heute auf Hildes Schülern ruhen.‹«

Und die Mutter fügte dann noch hinzu: »Es war ein so allgemeines Gebet, dass ich eigentlich nicht erwartet hätte, dass Gott darauf so konkret antworten würde.«

Hildes Mutter betete darum, dass Gottes Augen auf den Schülerinnen und Schülern einer bestimmten Schule ruhen mochten. Und Gott wusste, dass es dort eine ganz bestimmte Person gab, die an diesem Tag seine Gegenwart ganz besonders dringend brauchte.

Haben Sie sich je gefragt, ob es sich lohnt, für eine bestimmte Schule oder sogar für ein ganzes Land zu beten, ob es überhaupt einen Sinn macht, so allgemein zu beten? Diese Geschichte könnte doch vielleicht dazu ermutigen, sowohl allgemein als auch konkret zu beten.

Hildes Mutter hatte das Vorrecht, eine Folge ihres Gebets ganz unmittelbar zu erfahren. Es ist ja viel öfter so, dass wir die Erhörung unserer Gebete nicht verfolgen können, aber wir können ganz sicher sein, dass Gott gehört hat und auf seine Weise und zu seiner Zeit wirkt und handelt. Wir brauchen nur treu weiter zu beten und zu vertrauen.

Wenn Sorgen Sie bedrücken und belasten, wenn Sie traurig, durcheinander und allein sind, dann denken Sie daran, dass Gott Ihre Sorgen kennt. Gottes liebevoller Blick ruht auf Ihnen, und Sie haben Zugang zu seinem Frieden. Bitten Sie darum, dass er Ihr Herz bewahrt, und denken Sie daran, dass Ihre Sorgen Sie nicht zur Verzweiflung treiben müssen.

Bringen wir doch unsere Lasten zu ihm, so wie es in Philipper 4,6 steht, und seien wir dankbar, dass wir nicht allein sind, sondern Gott wirkt und handelt: »Macht euch keine Sorgen! Ihr dürft Gott um alles bitten. Sagt ihm, was euch fehlt, und dankt ihm. Gott wird euch seinen Frieden schenken, der all unser Verstehen, all unsere Vernunft übersteigt, der unsere Herzen und Gedanken im Glauben an Jesus Christus bewahrt.« (Philipper 4,6-7)

Aus diesem Grund schreibt Paulus kurz vorher: »Freut euch, dass ihr zu Jesus Christus gehört. Und noch einmal will ich es sagen: Freut euch!«

Mein Gebet für uns alle stammt aus dem Römerbrief, Kapitel 15, Vers 13: »Deshalb bete ich für euch alle, dass Gott, der diese Hoffnung schenkt, euch in euerm Glauben mit großer FREUDE und vollkommenem FRIEDEN erfüllt, damit eure HOFFNUNG durch die Kraft des Heiligen Geistes immer stärker wird.«

Vorschläge fürs Gespräch

1. *Schauen Sie einmal nach, wie oft die Worte »freut euch« im Brief von Paulus an die Philipper vorkommen, und überlegen Sie an jeder Stelle, welchen Grund diese Freude hat.*
2. *Tauschen Sie sich mit anderen darüber aus, was Ihnen in der Nachfolge Freude bereitet.*

15. Vorwärts gehen

Vor ein paar Jahren fanden die South Pacific Games auf den Fidschi-Inseln statt. Am Tag des Marathonlaufs säumten Tausende von Menschen die Straßen, und weitere Tausende warteten im Stadion darauf, dass die ersten Sportler am Ziel eintrafen.

Der erste Läufer tauchte auf und war anscheinend noch gut bei Kräften. Der zweite folgte ihm dicht auf den Fersen, war jedoch offensichtlich ziemlich am Ende seiner Kräfte. Es sah ganz so aus, als würde er die letzten Meter nicht mehr schaffen. Obwohl es offensichtlich war, wer der Sieger sein würde, war es der zweite Läufer, der das gesamte Interesse der Zuschauer auf sich zog. Schließlich – die Ziellinie bereits vor Augen – ging er jedoch völlig erschöpft zu Boden.

Und dann geschah etwas Erstaunliches. Die Zuschauer erhoben sich und feuerten ihn an: »Weitermachen! Nicht aufgeben! Du schaffst es!« Der vereinte Wille von Tausenden von Menschen drängte den erschöpften Läufer zum Durchhalten.

Als der dritte Läufer ins Stadion einlief, richtete sich der zweite so weit auf, dass er auf allen vieren in Richtung Ziellinie kriechen konnte.

Etliche Zuschauer kamen von den Tribünen herunter zur Bahn gelaufen und feuerten ihn weiter an. Manche hätten ihn offenbar am liebsten aufgesammelt und persönlich über die Ziellinie getragen.

Aber er musste sein Rennen selbst zu Ende bringen. »Weiter! Du schaffst es!«, ertönten die Anfeuerungsrufe, und mit dieser Ermutigung im Rücken raffte er noch einmal all seine

Kraft und Entschlossenheit zusammen und überquerte die Ziellinie als Zweiter. Er war vielleicht nicht der Sieger des Rennens, aber er hatte einen persönlichen Sieg errungen, und zum Teil hatte er diesen Sieg auch der Ermutigung durch seine Freunde und Fans zu verdanken.

Manchmal kann die Unterstützung von Freunden oder der Familie entscheidend sein. Ein »Los, du schaffst es!« kann uns anfeuern, wenn unsere Entschlossenheit oder unsere Kräfte langsam, aber sicher schwinden.

Es gibt schwierige Phasen im Leben, in denen wir Unterstützung und Ermutigung brauchen, damit wir nicht aufgeben.

In Hebräer 12 sagt Paulus: »Lasst uns mit Ausdauer in dem Wettkampf laufen, der uns aufgetragen ist« (Vers 1, Einheitsübersetzung). Warum »mit Ausdauer« und nicht »mit hohem Tempo«? Ist das normalerweise nicht viel eher gefragt? Tempo ist vielleicht für einen Hundert-Meter-Sprint wichtig, aber nicht für einen Langstreckenlauf, wie das Leben einer ist. Bei einem Marathonlauf siegen nämlich mit größter Wahrscheinlichkeit diejenigen, die ein gleichmäßiges Tempo laufen, und nicht diejenigen, die mit hohem Tempo beginnen und denen dann irgendwann die Puste ausgeht!

Alexander der Große wurde auf seinem Feldzug nach Indien im Jahre 325 v.Chr. vom schwindenden Mut seiner Männer gebremst, die nach Mazedonien umkehren wollten. Er sagte ihnen: »Ich weiß, dass der Marsch schwer ist, aber wenn Anstrengungen nur Schritte auf ein Ziel hin sind, dann werden sie von den Mutigen Herausforderungen genannt.«

Das bereits zitierte Kapitel im Hebräerbrief warnt außerdem davor, »nach links und rechts zu schauen«. Wenn man den Blick vom Ziel abwendet, weiß man oft nicht mehr, wohin man eigentlich wollte. Man läuft schließlich ohne Ziel und ohne Begeisterung. Der Verfasser des Hebräerbriefes fordert eindringlich dazu auf, »allein auf Jesus« zu schauen, der uns die Richtung zeigt, in die wir laufen sollen.

Es gibt eine Geschichte über drei Jungen, die im Schnee spielten. Ein Mann, der sie dabei beobachtete, schlug ihnen einen Wettlauf vor. Er würde sich in einiger Entfernung aufstellen, und die Jungen sollten dann zu ihm hinlaufen. Der Junge, dessen Fußspuren im Schnee am geradesten zum Ziel führten, sollte der Sieger sein. Die Jungen stellten sich also auf und fingen an zu laufen. Ein Junge schaute beim Laufen auf seine eigenen Füße, um zu sehen, ob sie auch gerade ausgerichtet waren, der zweite orientierte sich an den anderen beiden Jungen, um zu sehen, ob er mit ihnen übereinstimmte, der dritte aber richtete seinen Blick auf den Mann und rannte auf ihn zu. Sieger des Rennens war der dritte Junge. Weil er seinen Blick fest aufs Ziel gerichtet hielt, führten seine Fußspuren direkt und geradewegs dorthin!

Die einzige Methode, ein Rennen zu vollenden, besteht darin, auf die Ziellinie zuzulaufen und sie die ganze Zeit fest im Blick zu behalten.

Hebräer 12 ist eine großartige Ermutigung für uns Läufer unseres Lebens. Ganz klar sagt uns der Brief, dass es nicht immer einfach für uns sein wird, dass es unter Umständen sogar sehr mühsam werden wird und dass wir auch hin und wieder versucht sein werden, das Rennen aufzugeben; es wird Leid und Kämpfe geben, aber wir sind nie allein. Wir sind umgeben von einer »Wolke von Zeugen«, die uns anspornen. Zu ihnen gehören diejenigen, die vor uns gestorben sind, und alle, die weiterhin mit uns im Rennen sind. Der Verfasser des Hebräerbriefs fordert uns eindringlich auf, allen Ballast abzuwerfen, alles hinter uns zu lassen, was uns beim Laufen behindert, Dinge, die uns gefangen nehmen, ablenken, Dinge, in die wir uns verstricken lassen: »Richtet eure kraftlos und müde gewordenen Hände wieder auf zum Gebet, damit ihr stark werdet. Eure zitternden Knie sollen wieder fest werden, damit ihr sichere Schritte im Glauben tun könnt« (12,12). Er sagt, wir sollen uns vor Augen führen, was Jesus alles ertragen hat, damit wir nicht mutlos werden.

Wenn wir im Glauben an Jesus Christus jetzt durch die Tür ins ewige Leben hineingehen, dann fängt die Reise dorthin zwar genau jetzt an, endet aber erst dann, wenn wir Gott von Angesicht zu Angesicht gegenüberstehen. Es kann eine lange oder eine kurze Reise sein, und es mag unterwegs durch große Schwierigkeiten gehen, aber wir sind nicht alleine unterwegs: Wir laufen gemeinsam mit anderen und zu Gott hin, der sowohl MIT uns als auch FÜR uns läuft!

Kurz nachdem der Kommunismus in Osteuropa zusammengebrochen war, nahm ich an einer Konferenz teil, zu der auch erstmals Frauen aus den osteuropäischen Ländern kamen. Sie fingen gerade an, ihre Freiheit zu erleben. Eine junge Frau namens Mia sprach darüber, dass sie seit Jahren mit der Angst lebe, auf der Straße folge ihr jemand, wenn sie allein und zu Fuß unterwegs sei. Weil ihr Glaube bekannt war, war früher häufig ihre Post geöffnet worden, und sie wusste, dass sie oft beschattet worden war. Jetzt berichtete sie, dass sie diese Angst immer noch nicht ablegen konnte. Sie hörte immer noch Schritte hinter sich und hatte ständig die tiefe Furcht, sie werde beobachtet und jemand folge ihr. Mit dem Kopf wusste sie, dass das nicht mehr der Fall war, aber ihr Herz war immer noch voller Angst.

Auf dem Kongress nun versammelte sich eine Gruppe von Frauen, Schwestern in Jesus Christus, um Mia, und sie lasen einen Abschnitt aus Jesaja 41 vor, in dem wunderbare Zusagen Gottes stehen:

»Fürchte dich nicht, denn ich bin bei dir; hab keine Angst, denn ich bin dein Gott! Ich mache dich stark, ich helfe dir, mit meiner siegreichen Hand beschütze ich dich!« (Vers 10).

Nachdem dieser Vers laut vorgelesen worden war, legten wir Mia die Hände auf und beteten für sie. Wir beteten, dass sie Gott beim Wort nehmen und seine Gegenwart spüren möge, damit die Angst von ihr weiche.

Zwei Jahre später traf ich Mia wieder und fragte sie, ob sie immer noch Angst habe, verfolgt zu werden. Sie lächelte und antwortete: »Nein.« Und dann erzählte sie, dass seit jenem Tag, als wir sie durch das Bibelwort an die ständige Gegenwart Gottes erinnert hätten, die Angst fort sei.

Der Lauf des Lebens wird nicht immer einfach sein und für viele sogar sehr schwer, aber die Ermutigung in der Bibel und auch die Ermutigung von Mitchristen können beim Weitergehen eine große Hilfe sein.

Meine Freundin Margaret stammt aus Papua-Neuguinea. Gegen Ende ihrer Schulzeit hörte Margaret durch eine Mitschülerin von Jesus. Sie übergab ihm daraufhin ihr Leben und begann nun ihren Weg als Christin.

Sie war so begeistert über die Verheißungen Gottes und über die Tatsache, dass Gott sie liebte und ihr ewiges Leben schenkte, dass sie diese Neuigkeiten unbedingt weitersagen wollte. Margaret und ihre Freunde organisierten deshalb in den Weihnachtsferien ein Ferienlager für Kinder. Sie machten Werbung für dieses Ferienlager, indem sie im lokalen Rundfunk Lieder sangen und von eigenen Erfahrungen mit dem Glauben berichteten. Die Gruppe war erstaunt und ermutigt, als sich 200 Kinder für das Lager anmeldeten. Margaret erzählte, wie sich die Kinder völlig fasziniert die Geschichten von Jesus anhörten, und sie war davon überzeugt, dass am Ende des Ferienlagers alle ihr Leben Jesus übergeben hatten.

Dadurch ermutigt, begann Margaret, Zeugnis zu geben und das Wort Gottes zu predigen auf den Dorfplätzen kleiner Orte, wo die Menschen normalerweise zusammenkamen, um zu plaudern und sich auszutauschen. Abend für Abend kamen Menschen, um ihr zuzuhören und dann Gottes Angebot der Vergebung und des ewigen Lebens anzunehmen. Sie sagte: »Es war wie ein Feuer, das von einem auf den Nächsten übergriff. Eine Erweckung begann.«

Die Leiter der örtlichen Kirchengemeinden sorgten sich zunehmend um ihren Einfluss. Da war also eine junge Frau, die ganz offen sprach, und die Menschen reagierten darauf. Die Leiter stellten Margaret ein Ultimatum: Sie sollte mit dem Predigen aufhören, wenn sie nicht ihren Ausschluss aus der Kirche riskieren wollte. Es war ihr jedoch unmöglich zu schweigen, und so begann sie, Zusammenkünfte bei sich zu Hause abzuhalten, und Woche für Woche kamen Dutzende von Menschen in ihrem Haus zusammen, um miteinander im Wort Gottes zu lesen. Sie war so begeistert von dem, was Gott im Leben dieser Menschen tat, dass sie beschloss, wieder von Dorf zu Dorf zu gehen und die Botschaft von der Liebe Gottes weiterzusagen. Es wurden 17 Gemeinden gegründet, und Margaret ermutigte die Menschen, fest im Wort Gottes verwurzelt zu bleiben. In jeder dieser neuen Gemeinden machte sie einem jungen Mann und einer jungen Frau Mut, an einem Fernbibelkurs teilzunehmen, damit sie besser für die Leitung ausgerüstet waren.

Margaret wurde in die Leitung christlicher Organisationen berufen, zunächst in ihrem eigenen Land und später dann auch im Ausland. Heute ist sie wieder in Papua-Neuguinea und ermutigt und schult dort wiederum Leiter. Das »Rennen« war für sie nicht sonderlich einfach, besonders, weil sie Opposition von anderen Christen erfuhr. Aber trotz der Schwierigkeiten ist sie stets weitergegangen mit Gott als ihrer Stärke.

Manchmal wird der Lauf sogar erschwert durch Menschen, die uns sehr nahe stehen.

Vor ein paar Jahren lernte ich Hanna kennen.

Hanna hörte eines Tages, dass in einer Gemeinde in ihrer Stadt Bibelstudienkurse angeboten wurden. Sie wollte daran gern teilnehmen, um mehr über den christlichen Glauben zu erfahren, und meldete sich an. Sie lernte viel Neues, und die Begegnungen mit anderen Christen waren so ermutigend für sie, dass sie beschloss dabeizubleiben. Ihr Mann war von ihren neuen Aktivitäten zwar nicht sonderlich begeistert, fühlte sich aber nicht stark genug, um ihr die Teilnahme zu verbieten. Als jedoch Hannas Eltern von ihrer Teilnahme an dem Kurs erfuhren, waren sie sehr böse. Sie drohten ihr, sie als Tochter zu verstoßen, wenn sie weiter dorthin ginge.

Hanna konnte aber etwas, das ihr geistlich so sehr weiterhalf, nicht einfach aufgeben, und deshalb besuchte sie den Bibelkurs weiter. Eines Tages klopfte es an ihrer Tür, und als sie öffnete, stand ihre Mutter vor ihr, zückte ein Messer und versuchte, ihre Tochter zu erstechen. Hanna sprang jedoch zur Seite und rannte, so schnell sie konnte, fort. Im Haus einer Freundin fand sie Unterschlupf.

Von da an wurden Hanna und ihr Mann von Hannas Familie terrorisiert. Jede Nacht warfen sie Steine auf das Dach ihres Hauses. Hannas Mutter hatte einige von Hannas Brüdern und Cousins aufgestachelt, ihren Widerstand durch diesen Terror zu zermürben und zu brechen.

Das ging monatelang so, bis Hannas Mann sie fragte, warum es denn für sie so wichtig sei, an dem Bibelkurs teilzunehmen, wenn doch die Folge die Feindschaft ihrer Eltern und eine ständig gestörte Nachtruhe ihrer eigenen Familie sei. Daraufhin erzählte Hanna ihrem Mann und den Kindern von der wunderbaren Liebe Gottes zu jedem von ihnen, und sie erklärte ihnen, was sie da in der Gemeinde eigentlich lernte.

Ihr Mann beschloss nun, Hanna dorthin zu begleiten, und kam schließlich ebenfalls zum Glauben an Jesus Christus.

Hanna leitet inzwischen einen wöchentlich stattfindenden Bibelkreis für Frauen. Der Weg war bestimmt nicht leicht für sie, aber sie ließ sich nicht beirren und machte weiter.

Paulus schreibt in seinem Brief an die Philipper in Kapitel 3: »Ich setze alles daran, das Ziel zu erreichen, damit der Siegespreis einmal mir gehört, wie ich jetzt schon zu Christus gehöre« (Vers 12), und er fügt hinzu: »Ich konzentriere mich nur noch auf das vor mir liegende Ziel. Mit aller Kraft laufe ich darauf zu, um den Siegespreis zu gewinnen, das Leben in Gottes Herrlichkeit. Denn dazu hat uns Gott durch Jesus Christus berufen« (Vers 14).

Mögen wir alle, die wir durch die Tür des Glaubens an Jesus Christus ins ewige Reich Gottes gegangen sind, weitermachen und vorwärts drängen:

»Haltet an dieser Hoffnung fest, zu der wir uns bekennen, und lasst euch durch nichts davon abbringen. Ihr könnt euch felsenfest auf sie verlassen, weil Gott sein Wort hält.

Achtet aufeinander! Ermutigt euch zu gegenseitiger Liebe, und spornt einander an, Gutes zu tun.« (Hebräer 10,23-24)

Vorschläge fürs Gespräch

1. *Schlagen Sie das 12. Kapitel des Hebräerbriefs auf: In Vers 1 wird das Leben, in dem wir stehen, mit einem »Wettkampf« verglichen. Welche Ratschläge gibt das Kapitel für:*

a) die nötige Vorbereitung?
b) die Anstrengung, die man unternehmen muss?
c) die Ermutigung, die Gott uns schenkt?
d) Warnungen, die es in Betracht zu ziehen gilt?

2. *In Vers 18-28 ist davon die Rede, dass wir am Ende des Wettstreites in einem wunderbaren Reich sein werden, das auf dreierlei Weise beschrieben wird. Es ist:*
   a) ein geistliches Reich,
   b) ein ewiges Reich,
   c) ein unerschütterliches Reich.
   Überlegen Sie, was diese drei Beschreibungen bedeuten könnten.

3. *Wie können wir konkret anderen helfen, weiterzulaufen und nicht aufzugeben?*